松韵堂吟草

冯其庸

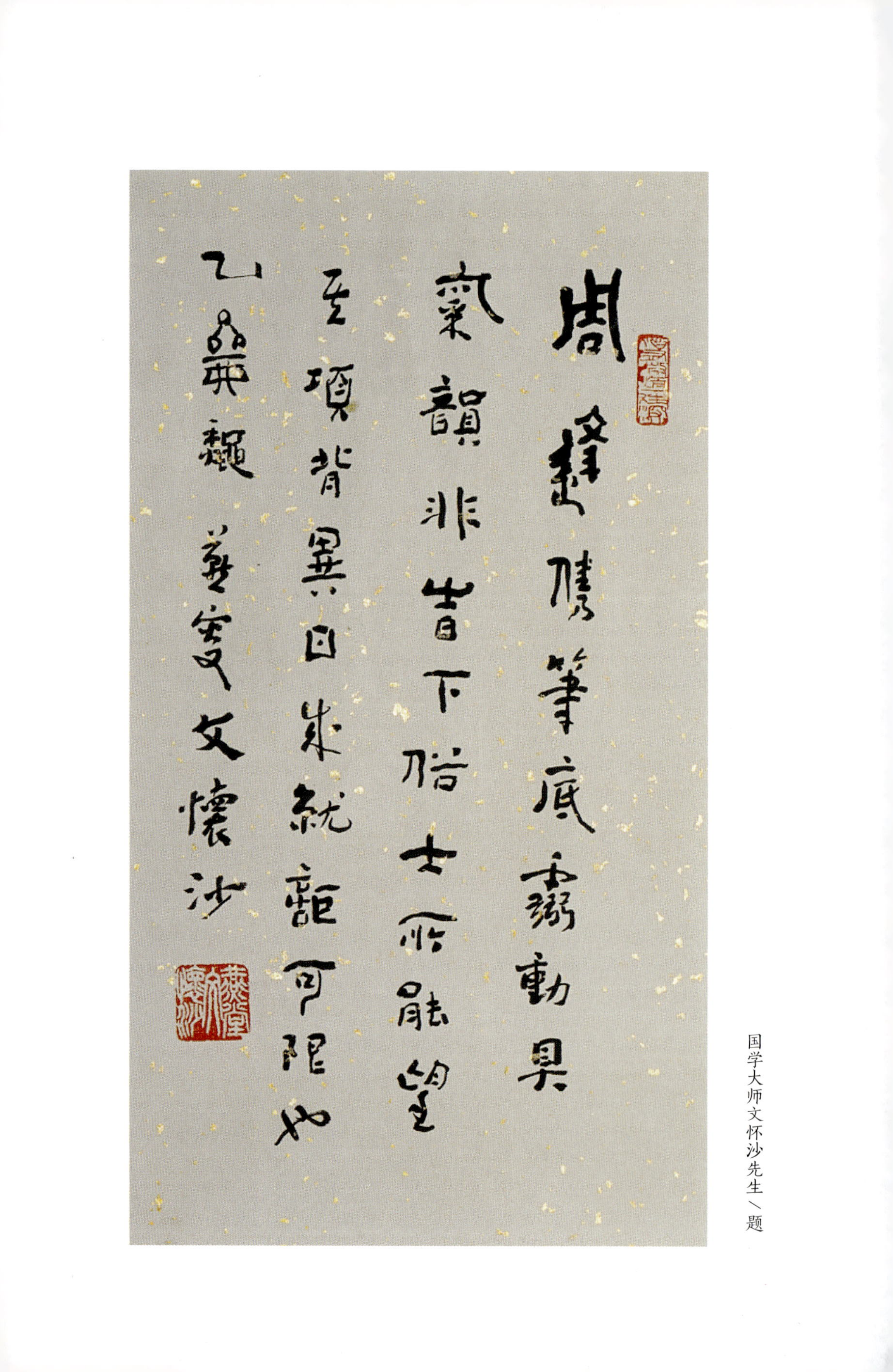

国学大师文怀沙先生／题

松韵堂/诗 著名书法家王友谊先生/题

周逢俊 玉堂春 *300cm × 208cm*

松韵堂吟草

松韵堂吟草

周逢俊《松韵堂诗词赋自选集》

周逢俊 著

作家出版社

图书在版编目（CIP）数据

松韵堂吟草 / 周逢俊著. -- 北京 : 作家出版社，
2017.7
ISBN 978-7-5063-9176-4

Ⅰ. ①松… Ⅱ. ①周… Ⅲ. ①文艺—作品综合集—中国—当代 Ⅳ. ①I217.1

中国版本图书馆CIP数据核字（2016）第230756号

松韵堂吟草

著　　者：周逢俊
责任编辑：王　炘
装帧设计：金陵文化
出版发行：作家出版社
社　　址：北京农展馆南里10号　**邮　　编**：100125
电话传真：86-10-65930756（出版发行部）
86-10-65004079（总编室）
86-10-65015116（邮购部）
E-mail：**zuojia@zuojia.net.cn**
http://www.haozuojia.com（作家在线）
印　　刷：北京瑞禾彩色印刷有限公司
成品尺寸：160×240
字　　数：100千
印　　张：17.5
版　　次：2017年7月第1版
印　　次：2017年7月第1次印刷
ISBN 978-7-5063-9176-4
定　　价：49.80元

【代序】——周逢俊诗词

周兄逢俊，别署星一，号松韵堂主。跻身京华近二十载，誉享画坛，卓尔不群。其画骨格清奇，笔力千钧，如险峰碧浪，豂来眼底。其人耿直俊朗，散淡旷达，似闲云野鹤，快意江湖。“远看山有色，著听水无声”，此王摩诘语，然用之周兄画作亦再贴切不过也。周兄之笔端山水，墨间烟雨，世人皆晓也。但其胸中韵藻，腹里珠玑，则鲜有人知也。此周兄之别才，亦周兄之异才也，同道中人亦多以青眼相加。故赏其画而不读其诗，则未免美中不足也。今择其数则，略加析解，一为饱诸君之眼福，二为偿诸君之好奇也。

自题·其二

我本山中自在人，云心出入不沾尘。

愿将画作才情寄，敢把诗当正义伸。

宁枕残书消魇梦，忌描俗卷骗财神。

身支老骨应风雨，相与梅花共度春。

此诗可视为周兄之人生道白，写来风流倜傥，潇洒出尘，堪称周兄性情风骨之真实写照。周兄生自银屏山中，自幼受故乡山水之滋养，得故乡山水之沐浴，养就一片灵心慧性，天机道范。及至稍长，更寄情于翰墨，沉醉于丹青。周兄游走于山水之间，放怀于山水之外。观山览胜，逢川歌咏，盖周兄与山水早已融为一体也，故以“山中自在人”自许，便不足为奇也。次句“云心出入不沾尘”，是周兄洁身自好，不媚世俗，似云心舒卷，飘然出世也。周兄画作无数，视画如命，其横溢才华，浪漫情怀都在其中。盖其情也真、其风也正，故化作诗画就多一股凛然之气，刚正不阿，气贯长虹。接下之颈联写得极其舒展，极其淡然。主人宁枕一残书入睡，只管梦里逍遥，也不愿趋炎附势，随波逐流，此处周兄风骨可见也。尾句则与首联呼应，世间之人不入红尘，亦难入仙境也。而人间已无真仙境，故此仙境乃作者心中之胜境也。但得老骨无虞，便只有梅花一朵，朝夕相伴，此生足矣。如此人生，如此境界，那是何等宁静而清雅。“绿蓑青笠浑无事，醉卧一天风雨”（元·白朴《摸鱼儿》）此亦周兄之愿景也。

游天一阁

池馆寒烟冷落中，犹凝残雪满疏丛。

楼台旧地多余韵，黄帙回廊见浅红。

经史何曾埋峻骨，栋梁犹自起罡风。

长宵欲对东明道，到此与君邀醉翁。

天一阁位于宁波月湖之西，为海内现存最早之私家藏书楼，始建于明嘉靖年间，藏书之丰为当世之冠。周兄造访天一阁，当在隆冬时节。故池馆萧条，寒烟弥漫，残雪未消，花丛零落，一派清冷之象也。如此着笔，虽然略见凄清，但有一份凝重与厚实充盈其间，一种肃穆与庄严便自人心底油然而生，仿佛陈年旧事，过眼烟云又上心头。此间之亭台楼阁，曲榭回廊，皆历尽沧桑；一花一石，一草一木，皆遍染书香。周兄于此间用“余韵”二字，便将天一阁之数百年风雨一扫而空，简练至极而又给人遐想无限。在满园萧瑟之下，周兄于回廊一角见一盈盈浅红摇曳于清寒之中，使无边落寞顿添一蓬勃生机，是“柳暗花明又一村”也。周兄不甘沉寂，愈挫愈勇之精神由此亦可见端倪也。千年经史，旷代栋梁。峻骨深埋，罡风又起。此作者之感慨，亦作者之情怀也。人生苦短，而经史长在，人生易老，而精神不灭。此宝训真理，而由周兄如此道来，却别有一番深意在其中也。作者独对长宵，忆及书楼往事，心潮起伏，辗转反侧。当此际，周兄忽发奇想，到此何不邀上东明主人与欧阳永叔，把酒楼头，临风畅饮，那又是何等之痛快淋漓也。作者如此结拍，便荡开一笔，不作寻常感怀语，而多一份逸趣也。

清明

晓雾初开陌上新，朦胧恍入故园春。

山匀杏雨迷离景，水漫芦烟缥缈尘。

久寄都城犹作客，偶归故里可成宾。

梦回但见松冈远，野火年年照旅人。

每逢清明，人便多感伤。此千古一例，周兄亦难脱此窠臼。节至清明，晓雾初开，郊野清新。一路行来，作者朦胧之间恍见故园春色，不禁惊喜交加。谁料“清明时节雨纷纷”，刹那间便杏花春雨播撒开来，山色迷离，芦烟缥缈。人在其中，倍觉清冷肃穆，感慨丛生。周兄久居都城，名动京华，却是“梁园虽好，终非久留之地”。而故园虽远，却永存心底。故偶归故里，便倍感亲切，此叶落归根，故土难离也。尾句是谓故乡之山川草木，长令吾兄魂牵梦绕，不能释怀。而故乡之零星野火也是经久不灭，长在吾兄心头闪耀。此诗虽未直言思乡之苦、思乡之切，但字里行间无不洋溢着浓郁之思乡情怀。此等写法谓之隔山打牛，非功力精深之人不能为之，亦令普天下之游子思妇顿生同感，不胜唏嘘。

周兄博览群书，手不释卷，于茶余笔后时有顿悟，付之吟咏便成好句也。如：“读罢诗书眺远岑，高楼独自赏天音。清闲细品庄生味，淡定常怀孟子心。”（《初春感怀》）楼头赏乐，窗下读书，庄孟为邻，一尘不染，何其闲雅。“林花倦影随风雨，柳絮愁心任缈茫。”（《谷雨偶题》）“座上群贤诗境远，旅中赤子梦乡遥。”（《寄怀》）其游子思绪，赤子情怀跃然纸上也。“代有流觞能醉客，时多雅集可留人。”（《游兰亭随感》）“遥观进退形无测，细解阴阳意可求。”（《游云梦山鬼谷子洞》）则阅尽世上沧桑，颇多人生感慨。“伤心处，断桥犹在，花落怅空亭。”（《满庭芳·春雨游西湖》）“伤明月，照前生今世，一样浮华。”（《沁园春·游瘦西湖怀古》）则更显得委婉曲折，情深似水，读之令人动容也。

观周兄所作，或清朗洒脱，或跌宕起伏，或幽深婉转，均能遣形绘神，自出机杼。袁枚云“不学古人，法无一可。竟似古人，何处著我”，诗词一如书画，若一味临帖，描摹再像也难脱古人形神。故周兄诗词能于法度之中，妙手勾勒，不落俗套，个性偾张，迥出新意，至为难能也。此非胸中有万卷书，而心中无尘俗气，不能至也。张载亦云：“学贵心悟，守旧无功。”此心悟即自我之体会、自我之感知也。诗词亦唯有歌自我之志，抒自我之情始具真正之生命，始具真正之价值也。诗为心语，当为不诬也。周兄于画事之外，兼涉诗事且佳构迭出，所获丰硕，当为我等诗界中人树一楷模也。周兄满纸烟岚，灵光闪动；白雪清风，诗画双璧，已非片言只语所能尽揽，唯待日后诸君细细评品也。

林峰（前中华诗词学会副会长、秘书长 著名诗人）

甲午新正于京东一三居

但藉松风为韵语
——周逢俊先生诗词赏读

与周逢俊先生交往已逾三载，每每谋面，无非论诗、说画、酌酒，然而也尴尬了三载，就是不知对周先生如何称谓：于画，水平是大师，身份是教授；于人，性情是大侠，德操是雅士。称其为周大师、周教授，断然被拒；称其为周大侠、周雅士，又恐不恭。盖在下年幼十岁，只得从其所训以兄弟相论，为呈敬意，呼之表字，故下文称星一兄也。

星一兄善治画山水，卓然大家，在众多的山水画中，我又最喜欢星一兄所画之松，观之：苍然！洒然！泠然！肃然！令胸中耿耿，令眼中炯炯。何致如此？源于星一兄心中气韵勃然，其气之所充意之所发，画自不能不尔也。诗为心声，画亦心声，其自题《黄山天都松图》诗云：“岩隙盘根度寂寥，死生不计自逍遥。清高岂羡蟾宫桂，韵雅偏嘲碧玉箫。欲铸金魂凌皓雪，横撑铁骨对寒潮。浩然养我青云志，只待东风翥九霄。”

以我过眼所界，在当代著名画家中，星一兄的诗词无疑是最好的。其画其诗，皆源一心，故其诗风，必同画风。苏子瞻评王维是“味摩诘之诗，诗中有画；观摩诘之画，画中有诗”，说明王维能以画家的触感寻诗，又能以诗人的灵感构画。在当今世界，能将二者非是相互借鉴而是有机融合者，令诗画并茂，唯星一兄翘楚。

天下评星一兄画风者众矣，既然诗风同画风，星一兄之诗风在下不再赘述，只对其诗之创作特点稍作梳理。以星一兄辑录给某看的诗章而论，星一兄之诗，律诗一百八十余首、词三十余首、绝句只数首，单从数量上看，兄最喜律诗，因为律诗是最美的诗体，对散相容、稳逸相济，暗合了画家的潜意识取向。

律诗中间两联要求对仗，星一兄捉对即巧且工，非思维敏捷并学识广博者可轻至。如“孟子”对“庄生”（《初春感怀》），“尚古”对“扬清”（《诗人张平先生八十寿诞感怀》），“孤鸾”对“旧楼”（《游蒋公故里有感》），“嘉宾”对“诤友”（《寄怀》），“翡翠”对“婆娑”（《柳湖晚行》），“远客”对“高僧”（《普陀山游感》），比比皆是。

再者就是星一兄炼字之精。从星一兄的诗稿中虽然见不到像王安石“春风又绿江南岸”，由“到”“过”“入”“满”最终定“绿”的过程，但从创作的视角依然可以看出有些字是经过精心锤炼的。七律《杜甫草堂题感》“雁鸣落叶风声碎”之“碎”，七律《题登九龙瀑图》“仄壁洞穿连古道”之“仄”，七律《寄怀》“忍将幽恨动寒筝”之“寒”，七律《春城吟》“上林春晚愁花病”之“病”，词《满庭芳》“燕京凉客”之“凉”，七律《题雪霁山行图》“苍峰气短云消瘦”之“消瘦”，皆堪称点睛妙笔。

星一兄深谙诗法，善于尾联上句用问式，下句又不以实回应，令诗之空间陡增、诗之余味绵长，粗略统计不下十三处。如七律《武侯祠怀古》“浩气凛然今在否？剑门关下古来风”，七律《杜甫草堂题感》“谁怀苦难吟家国？孤影蹒跚负去舟”，五律《登览印度十六世纪古城堡》“贵主今何在？烟村犬马喧”，七律《瓯江行》“昔年诗境谁曾见？游遍江南一画翁”，不一而足。

星一兄主画事，余业为诗词，可在诗词上所用之功亦相当弘深，且随心借鉴诸家之长。词《醉乡春·皖乡小记》“嫩雨三分生懒，花气七分催卷”，有与王荆公六绝《题西太一宫壁》“柳叶鸣蜩绿暗，荷花落日红酣”相抗之嫌。词《水龙吟·中秋》“天涯羁旅，登高咏叹，水山迢递”，真不落其本家周清真之后。五律《李白故居即题》“大野亲明月，壮怀仗剑游”，将李杜之情怀化二为一。七律《清明》“偶归故里可成宾”，对贺知章“笑问客从何处来”，师其意而不师其辞，似有超越。七律《进京二十周年自题小照》“不知霜鬓比秋先”，比之陆放翁《诉衷情》“胡未灭，鬓先秋”，虽场景不同，加“不知”二字，便更深一层。七律《登五行山》“山高不拒鸟争先，更有云心在鸟前”，开篇如此清新明快，能无王龙标之神助乎？词《踏莎行·暮春吟》“临池怕见落花飞，飞花偏向人前落”，秦少游重现耶？李易安重现耶？

诗人，也称骚人，星一兄之忧骚当然也时常郁结于胸。其七律《丑石图》“纵骨凌寒济万萧，苍含秀色质如瑶。玲珑曲叠罗峬峭，窈窕勾连拔峻峣。浩气幽存形却拙，雄魂隐伫势非雕。归樵把赏当诗读，共与梅花释寂寥”，何尝不是自寓！其词《沁园春·游瘦西湖怀古》“醉弄长箫倚日斜”，一腔侠者幽怨。其七绝《赴京自题小照》“蓬门骐骥作牛耕，万里驰心自不平”，即怨曩时不平，又恐来日不平。星一兄除自身之怨，亦存家国之忧，其七律《端午观龙舟赛念屈子》“芳草美人唯享乐，瑶台贵子只贪银”，叹世风不古，眼愈冷，血愈热，倩何人？可抚平英雄心一颗！

拜读完星一兄二百四十余首诗词，我已进入了星一兄的内心深处，再看星一兄的画作时，已由二维空间，升到三维，腾到四维。星一兄诗画互为表里，如白居易的《长恨歌》与陈鸿的《长恨歌传》一样，相济相通，终将合璧。

兹以拙作《观周逢俊兄黄山天都松图并依其题句韵》作为结语：

未必山松总寂寥，周公浩气亦凌霄。
岩崖瘦硬身翻俊，云海轻浮影不摇。
物我交融生妙品，神形兼胜冠群骁。
便逢绝顶仍高耸，岂负殷勤日月邀。

褚宝增
丙申夏日 于北京海淀露虚斋谨识

【自序】

时不宜我，寂然独行。尘事往复，悲欣感深。雪泥鸿爪，徒留印痕。平生唯捉暇以吟咏自慰之。

少年辍学，放牧于湖畔，获平沙秋水之韵；农耕之余，砍柴攀巉岩，得山林天籁之音。奇葩异草，犷野生机，偏宜兴“山寨”；雅好吟咏，嗜读闲书，却出身“草根”。风雨茅舍，青春筑诗巢，文思艰深；炎凉入世，壮怀饮浊酒，意境苦营。诗有别才，未必学堂所获；灵心天赋，并非名师指点。故学诗不问出处，唯悟得性情耳。

想当年柴门问惑，越寒山野岭，破寺启蒙：耄耋塾师，苍髯入囹圄，“杏坛”却在幽山夜话；“右派”远叔，弱冠禁牛棚，田头始知平仄有分。祖祠破“四旧”，得零星翰物，不胜窃喜；校园焚“毒书”，偷残片宋唐，岂禁潸然。心有灵犀，羡汉唐文韬武略；骨具古意，试前贤乐府辞风。惜哉！“文革”，不知风骚雅乐；“商海”，谁问诸子春秋？

三余事，提笔逮意趣；多思忖，勤析见慧心。或激越辞张，击节高诵，有东坡稼轩意；或婉约徐怀，品茗低吟，如白石柳永词。村巷俚俗：眼角眉梢不是韵，读来字字传神；江湖羁旅：牵肠挂肚难成谱，听之曲曲是真。

鬓髭二毛，心乱沉羁。暮齿浊泪，家国忧患。季子鲁乐，大音何存？“真风告逝，大伪斯兴”。窃贼外逃，民以何堪！奋魂振魄，死节气宣，虽大赋不能铁骨铿锵；食人膏腴，蝇党鲸贪，即小令也可大声鞺鞳。文天祥舍命存正气，谭嗣同涤血惊天下。屈子怀沙，汨罗掷粽，引入江河浩祭万世魂；渔父安庐，餔醩啜醨，苟求尘间浊命百年身。

嗟乎！皇城学府，仰鸿儒硕彦，识浅躬身拜望；燕堂门下，羡才子佳人，平庸自觉调低。一撑寒门小技，竟肆无畏偏能。可笑身微，却效慷慨之铮骨；莫哂才疏，当慕经纬之宏志。

情愁爱恨，善因恶缘。刚正评品，爱憎分明。“立行”曲直何弃坎坷；“安归”不遇远离非分。循大道，至死不渝；诗言志，奉天不违。平生无意于庸官伧俗，或形色啸傲，或狂狷无常，然丹青诗赋唯真吾耳。

是为序。

周逢俊

2015 年 11 月 16 日于北京

目录 CONTENTS

松韵堂诗词赋自选集 —— 001

川行八首并序 /003
赴京自题小照 /011
山亭独酌 /011
夜读偶题 /011
故园吟 /012
初春送扬波儿至太行山写生 /013
夜览水帘洞拉稍寺 /014
登览印度十六世纪古城堡 /015
京畿夜行即景 /015
丑石图 /017
作诗有感 /018
听李泽君大师抚琴 /018

山中吟 /019
初春感怀 /019
日本大地震一周忌 /020
读陈寅恪 /021
答友人 /022
忆少年偶记 /022
读王国维 /023
清明祭 /024
清明 /025
四明山古村落游感 /026
登北岳山 /027
端午观龙舟赛念屈子 /029

登楼 /030
游览黄山——从前山入天都至玉屏楼 /032
游蒋公故里有感 /033
游天一阁 /034
润清园大观 /035
秋旅太行山写生 /035
游云梦山鬼谷子洞 /036
四明山探幽 /037
大伾山怀古 /038
寄怀 /039
谢赫扎伊德清真寺观感 /040
游兰亭随感 /041

访龙门洞道院 /042
登迪拜塔 /043
登云龙山 /044
登峰兴题 /045
游伪满小皇宫有感 /046
桃花潭即题 /047
游崆峒山 /048
龟山汉墓游感 /048
过马嵬坡 /049
游蒲松龄故居遂题 /050
清明 /050
谷雨偶题 /051

南度端午节感怀 /052
重阳 /052
自题·其一 /053
自题·其二 /053
自题·其三 /054
进京十八周年题感 /055
进京二十周年自题小照 /055
戊子自题小照 /056
墨牡丹写真 /058
柳湖晚行 /059

九九与诸友登九华山后峰 /061
与诸友海上游即兴 /062
寄怀 /063
台北行 /063
春至太行山黑龙潭写生偶题 /064
游阿里山 /066
普陀山游感 /067
北行 /068
凤凰谷春行 /069
游龙峡湖 /070

游真泽宫兼访元好问读书处——应友人嘱即题 /071
登五行山 /072
过王莽岭 /073
观锡崖沟瀑布——应友人嘱即兴题 /074
登丛台 /075
题《墨梅图》 /076
春山早行图 /077
春城吟 /078
梦归桃花源图 /079
夜读偶题 /080

“斯义弘深——周逢俊进京二十周年画展”
学术研讨会上兴题 /081
题《春宵酒醒图》 /082
除夕感怀 /083
故乡吟并序 /084
读黄君《黄庭坚书法评传》题感 /085
故园吟 /086
二月二有感 /087
丙申年席上吟 /088
新年偶题（示诸儿）——北漂二十年感怀 /089
除夕夜酒后寄怀 /091

题赠伍灯法师 /091
夜吟 /092
读书偶题 /093
题早春图 /094
秋吟——题旧作《天涯秋旅图》 /095
读书随感 /096
登山海关即题 /097
游小壶天兴题 /098
无题 /099
无题（有感而发） /100

无题·其一 /101
无题·其二 /102
登南郭寺谒杜少陵祠有怀 /103
登黄河入海口 /104
登齐云山 /105
游龙门石窟 /106
旧都赏牡丹遂题 /107
游夏威夷随感 /108
齐云山雨中访御虚宫 /109
登山偶句 /110

瓯江行 /111
登雾灵山古楼 /112
游白洋淀有感 /114
瓯江小镇 /114
游司马台怀古 /115
题盆景图 /116
题与青年书画家谈创作 /117
拜谒大岭宗祠 /118
昆曲大师洪雪飞故居观后遂题 /119
昱岭关怀古 /120

黎鸣先生七十诞辰致贺 /121
诗人张平先生八十寿诞感怀 /122
侍奉先生文怀沙亚龙湾散步 /123
咏墨牡丹 /124
咏玫瑰 /125
题画 /126
题假山石图 /127
题巨幅《八百里烟波叠嶂》 /128
题银屏山松鹰图 /130
题雪霁山行图 /131

题登九龙瀑图 /132
题太行高秋图 /133
题太行春山图 /134
题清气满乾坤图 /135
题写生《雾灵山烟雨》 /136
题玉堂春图 /137
题《黄山天都松》 /139
题《徽商故里古村落图》 /141
题《秋过秦岭太白山图》 /142
答友人（题《幽谷野趣图》） /143

题巨幅《黄山西海》 /144
晨郊游兼怀乡 /146
与诸友重游敬亭山 /147
观龙卷风 /148
吟向日葵 /148
立秋 陪亲友游十三陵有感 /149
题樱花图 /149
小区公园散步即兴 /150
秋兴 /150
游云冈石窟 /152

悬空寺即兴 /153
观永乐宫壁画 /154
清明 /155
登鹳雀楼 /156
过临潼兼夜访石瓮寺 /157
题《惠园春色》 /157
赴晋题秋感 /158
题《泰岳长松图》并序 /159
暮雨登天子山写生 /160
雨登乌龙寨 /161
栖迟春光 /162
游张家界题感 /163

胡适之先生故居题笺 /164
龙川观胡氏宗祠 /164
夜游新安江 /165
与友人登九华山即景 /165
无题 /166
蓝田咏菊 /166
登华山 /168
过秦关 /168
诸葛八卦村 /169
无题 /169

咏飞云楼 /170
观汪琼画展 /171
莫言故居题感 /171
立春随感 /172
自题 /172
环城公园游感 /173
暮游麦积山 /174
缅怀冯其庸先生 /174
缅怀霍松林先生 /176
读朱良志文集 /176

六十自述 /177
画鸡并题感 /177
《诗词家》四周年雅集迎春会即题并诵 /178
暮游玛珥湖 /178
京霾 /179
银滩兴题 /180
元旦 金沙湾之夜 /180
五指山即景 /181
亚龙湾夜题 /181
游新安江感怀 /182

渔梁坝晨钓 /183
题禅意图 /183
崂山咏怀 /184
过乾陵读无字碑有感 /184
梦境小记——题梦里家山图 /186
画余偶题 /187
题怪石抚松图 /188
夜游避暑山庄 /188

踏莎行·暮春吟 /190
蝶恋花·暮春吟 /190
水调歌头·登姥山 /192
清平乐·秋水残荷 /194
巫山一段云·题《游春图》 /195

满庭芳·燕京秋怀 /196
祝英台近 /197
江城子·立春寄怀 /198
柳梢青·游古莲花池 /199
醉乡春·皖乡小记 /200
意难忘·燕山亭归饮 /201
清门引·踏春随感 /202
雪梅香·除夕吟 /203
水调歌头·中秋感怀（兼缅怀父母） /204
风入松·游兰亭有感 /205

破阵子·游西夏王陵有感 /208
水龙吟·中秋 /209
行香子·香泉行 /210
浣溪沙·渔梁坝垂钓 /211
忆江南·题《新安人家》 /212
采桑子·咏梅 /213
江城子·有感育梅 /215
满庭芳·春雨游西湖 /216
沁园春·游瘦西湖怀古 /217
水龙咏·暮雨后偶作 /218

江城子·中秋吟（双调） /219
江城子·吟“丝雨”（双调） /221
采桑子·咏春柳 /222
江城子·马嵬坡感怀 /223
泛兰舟·春 /224
卜算子·夏午戏八哥偶遇 /225
一剪梅·秋思 /226
蝶恋花·风雨 /227
阮郎归·云岩湖荡舟 /228
水龙吟·中秋燕山寄怀 /229

满庭芳·伤春 /230
雪梅香·除夕夜述怀 /231
忆江南·题银屏山诗话图 /232
踏莎行·暮春雨中作 /233
捣练子·凭窗吟 /234
江城子·普救寺访西厢 /235
念奴娇·中秋 /236
阮郎归·雾雨山中——张家界感怀 /236
卜算子·雁栖湖寻踪不遇随记 /237
浣溪沙·思春——题素冠墨牡丹图 /238

松韵堂诗词**赋**自选集 —— 239

巢湖春赋并序（以游归故里春为韵） /240
黄山西海赋并序（以题为韵） /243

跋 —— 249

松韵堂诗词集 /250

松韵堂诗词赋自选集

九寨天堂，
恍惚身在仙境。
访白马藏区，
共风幡祈祷。
探原始沟壑，
寻亘古传奇。
攀云栈，
陟险崖，
欲『搜尽奇峰打草稿』，
以描画川中之雄奇。
美哉！
悦我耳目，
壮我心志，
故『待细把江山图画』，
且歌咏以志。

川行八首并序

岁在乙未秋，余领清华美院高研班学子二十有余，往川中采风。登峨眉，入剑阁，步前贤之旅，感古今风物。越贡嘎雪山，溯岷江源头，江山壮阔，气象峥嵘。枫林丽水，

周逢俊花鸟小品 2012 年 33cm × 32cm

① 金沙遗址观感

——应诸诗友嘱即兴题

一掘金沙古境开，千年蜀事后人猜。

蛮荒共兽争生死，乱序联巫卜福灾。

杜宇耜耕勤治国，黎民狩猎勇攀嵬。

金戈玉阙是非地，化作残烟供祭台。

② 游凌云山（乐山）有感

苍崖崛窟佛同生，风雨千年度送迎。

但见更朝成往复，何曾暴政立公平。

三江[1]气浪惊秋岸，一寺[2]寒钟忆故城。

循自幽通天道曲，东坡楼[3]上暮云横。

1 三江：岷江、大渡河、青衣江，三江汇合于此。

2 一寺：凌云寺，为蜀中名刹。隐于大佛左侧。

3 东坡楼：为蜀中名楼，屹立于大佛右侧。即苏东坡青少年读书之地。

③ 登峨眉山遂题

金龛宝殿一山慈，岁象阴晴总合时。
白水秋风听夜鼓，卧云玉露待晨曦。
贪官怠政勤香火，百姓求安化烛池。
今古是非何处了？悲怀不悟问峨眉。

④ 九寨沟即景

天堂有韵妙难图，造化奇功景自孤。
三叠瀑[1]狂垂白玉，一坡水激跳珍珠。
雨来勃郁潮声起，云去清莹海色殊[2]。
境转凡怀深不测，风幡[3]举处散秋符。

---

1 三叠瀑：分别为箭竹海、珍珠滩、诺日朗。

2 海色殊：即海子，九寨沟清潭如翡翠，漫山披流如潮声激荡。

3 风幡：名曰“风念经”，把经文图案制成木刻，印在风幡上，祈祷时向空中散黄色小纸片。

⑤ 李白故居即题

灵心接地气，禀性独天酬。

放浪飘江海，贪杯弃帝州。

文章惊翰墨，诗赋足风流。

大野亲明月，壮怀仗剑游。

⑥ 武侯祠怀古

武祠神阙怅秋空，几缕沉香绕旧宫。

乱世天酬扬信义，分朝道择树仁忠。

锦袍不弃中原志，玉笏当低五丈雄。

浩气凛然今在否？剑门关下古来风。

⑦ 剑门行

剑门高拔李家篇，世代唯艰蜀道连。
要塞阴风猿作霸，雄关白日盗当权。
从来惧客闻罹后，自古贪官获狱前。
胜景秋光绚丽处，声寒不度九重天。

⑧ 杜甫草堂题感

茅屋而今别样秋，恭循故地意方遒。
雁鸣落叶风声碎，猿啸残山雨气稠。
朝野血光惊帝梦，江河浪急诉民愁。
谁怀苦难吟家国？孤影蹒跚负去舟。

周逢俊 修篁风影 2015年 68cm×136cm

脩篁風影〻蕭散清疎，銀屏奇石，
置水傍案，以可心印〻禪〻〻也，有士子
贊曰〻妙〻得〻，余胸有藥，形簡而意合
足矣，豈非致〻三徑〻而言雅，妨〻窺
姑〻而拒俗，窮以為一簾隔塵囂，
視小屋為山谷，書架為叢林，其間

赴京自题小照

蓬门骐骥作牛耕，万里驰心自不平。
欲步前贤承气骨，遥知伯乐在京城。

——1995 年 8 月 28 日 于故乡——

山亭独酌

独坐山亭酒自斟，醉听秋叶韵如琴。
古松疏朗筛明月，万里清风入夜深。

夜读偶题

自诩清狂六十春，白头依旧惜逡巡。
壮怀难阻清湘步，血性犹存屈子瞋。
常恐百年留笑柄，每修老岁有疑因。
孤灯读罢明心眼，善己方能气骨真。

——2016 年 1 月 23 日——

故园吟

庄房清气溢，小院绕空台。

离燕梁巢坠，野花栅牖开。

怀伤偏忆旧，梦破仍萦回。

笔墨难求意，思亲每自哀。

初春送扬波儿至太行山写生

林苏春欲润，泛翠韵初开。

隙诵蜇声渐，皴溶驻醒苔。

东风狎渚柳，夜雨抱山隈。

气肇阴阳合，云升上下回。

千岩花竟焕，万树叶争催。

诡岭弥无测，悬溪隔有猜。

贪图攀危嶂，好色索高台。

画意营营处，诗心忌巧裁。

夜览水帘洞拉稍寺[1]

森崖笋峙月含烟，山半葱茏叠细泉。
壁影苍颜猜画迹，水帘旧势剩龛莲。
风残栈道僧悬梦，雾失桥亭客断眠。
昔过秦川钟鼓远，而今冷落了无仙。

1 拉稍寺：位于甘肃天水武山县，寺内保存有大量北周至元代的壁画。

登览印度十六世纪古城堡

残城渡猛鸷，断壁听愁猿。

古木繁新苑，野花复旧园。

幽溪穿莽翠，远岭兀荒蕃。

贵主今何在？烟村犬马喧。

京畿夜行即景

车行陌上入清明，山月遥遥照古城。

残阙阑珊凌旧栋，华街焰火耀新甍。

六朝形势归虚境，百代豪奢向梦萦。

莫道无常悲喜事，年年草绿复枯荣。

周逢俊咏丑石图 2010年 119cm×240cm

丑石图

纵骨凌寒济万萧，苍含秀色质如瑶。
玲珑曲叠罗崊峭，窈窕勾连拔峻峣。
浩气幽存形却拙，雄魂隐仡势非雕。
归樵把赏当诗读，共与梅花释寂寥。

作诗有感

蕴由炼历酿成辞，共与苍生感万思。
游子披风吟水月，征鸿搏雨唳天涯。
旷怀浩若巫山句，雅意翛然赤壁词。
稽古还须求妙谛，审时独识自新奇。

听李泽君大师抚琴

烛影香残半室幽，捻须侧耳闭闲眸。
摧弹暗合怀乡绪，轻抚争添羁旅愁。
顿挫方知新韵雅，抑扬更觉古风遒。
一琴岁月人生曲，触到悲欣泪不休。

山中吟

家住银屏云水间，孙山落后事农田。

耕闲独醉诗书画，半是村夫半是仙。

—— 1975 年 于故乡银屏山 ——

初春感怀

读罢窗前眺远岑，高楼独自赏天音。

清闲细品庄生味，淡定常怀孟子心。

怎至崦嵫明白晚？何贪尘世是非深。

平怀快意和风月，又约桃花艳上林。

日本大地震一周忌

扶桑一震气如衰，海啸关东倭岛移。

浊浪包抄沉万骨，泥沙曲进噬千居。

福墟烟漏弥天远，京股风残着地吹。

但见春来樱不发，雪花凝泪抱枝垂。

读陈寅恪

济世鸿才少已张，泛舟欧美学无量。

诠书理合千年志，译卷言通万国章。

气立辞刚横峻骨，风高意振纵清狂。

宁孤不与毛公伍，抱寂长吟对夕阳。

答友人

小楼静读一方澄，惯向书中学爱憎。
招嫉援他成劲敌，讨羞窘我赚铮朋。
发声欲辨理先直，纵骨从容刚自棱。
应世仍须修老岁，天涯望路寄孤征。

——— 2017 年 2 月 于北京松韵堂 ———

忆少年偶记

少年耕读在山中，草木离离小竹篷 。
独识攀崖云栈渺，几经穿瀑雨程空。
饿争秋果侵猿部，兴赏春花废鸟笼。
欲学前贤师李杜，悄临夜寺问诗翁。

读王国维

才情独绝未逢时，故国曾经做帝师。
甲骨辞芜君始译，鼎钟字谲尔初疑。
史持二证诠商夏，学志三无振阙祠。
抱恨怀沙寻净土，诗魂赴处是莲池。

清明祭

为大型主题创作，井冈山黄洋界采风

翠峰云树入清明，战地年年花叶荣。

欲报国恩培厚土，甘为人范救苍生。

硝烟过处江山丽，热血流时社稷清。

可叹民风连日下，一怀愁绪对青茔。

清明

每到清明已自哀，松冈翠气接青槐。

云深雁影追思去，日短仙踪待梦来。

欲入烟波愁旧渡，空遗柳色怅新台。

花繁竟是伤心事，岁岁今时带泪开。

四明山古村落游感

翠嶂云深掩老庄，车行百转入山梁。
悬泉碧落苍烟起，古木空横紫气扬。
户接溪桥迎九曲，村回石巷过千篁。
骚人笔墨长留志，我念前贤感有伤。

登北岳山

登临蜃气显瀛洲，海接南山[1]画里游。

汉水萦城穿碧野，清溪[2]过市映琼楼。

景宫[3]残韵思犹远，瓦府[4]新风意可遒。

我与觉公[5]相契处，倾言还惜故乡秋。

---

1 南山：北岳山古称。

2 清溪：即清溪川，原为首尔市内一条垃圾水沟，李明博任该市市长时改建，现为旅游景点。

3 景宫：即景福宫，古代宫殿，内陈设中国文字书画，文化主要受中国影响。

4 瓦府：即青瓦台，韩国总统府所在地，北岳山下。

5 觉公：即梅墨生。

鄉土記事

端午观龙舟赛念屈子

一缕诗魂隔远尘，汨罗沙水未清淳。

龙舟竞楫声犹古，萧鼓争鸣韵自真。

芳草美人唯享乐，瑶台贵子只贪银。

西南海域风云变，屈子凋颜惘对秦。

周逢俊乡土记事 68cm × 34cm

登楼

除夕烟花久未消，鱼龙又跃闹元宵。

华灯愈白冰成影，彩绶争红雾里飘。

巷上谜诗传旧韵，街前歌舞泛新潮。

登楼自有凭栏意，淡淡星光照递迢。

游览黄山

——从前山入天都至玉屏楼

一溪春水带香流，风过鸟声花径幽。
烟壑弥如方丈去，云峰幻若玉山游。
双莲抱日观沧海，千笋扪参瞰古州。
堪与杜鹃争俏丽，借扶竹杖到山楼。

周逢俊 黄山松石写生图 57cm × 210cm

游蒋公故里有感

空壑清钟若许愁，兴亡境自后人游。

阙前丽水浮孤鹭，祠下嘉槐守旧楼。

疲与党争销帝运，怠同倭斗失天酬。

剡溪一别成追忆，雾里江山几钓舟。

游天一阁

池馆寒烟冷落中，犹凝残雪满疏丛。

楼台旧地多余韵，黄帙回廊见浅红。

经史何曾埋峻骨，栋梁犹自起罡风。

长宵欲对东明[1]诉，到此与君邀醉翁。

1 东明：天一阁主人范钦号东明，天一阁又称东明草堂。

润清园大观

一片氤氲万象开，青云紫气绕楼台。
吴山翠接烟湖淼，楚水沧萦雾嶂嵬。
妙笛渔歌荷百亩，佳肴俚语酒千杯。
润清好景知何处？疑到仙家阆苑来。

秋旅太行山写生

苍崖落木显峥嵘，间渐红黄入眼明。
涧水平波衔瘦骨，林霜浅冻照昏晴。
少年尚古曾追宋，壮岁开新也慕清。
纵揽太行收笔下，老怀自有万峰生。

游云梦山鬼谷子洞

窅谷嶙峋壮气收，云衢落木尽凋秋。

遥观进退形无测，细解阴阳意可求。

合纵曾教游将相，连横也授策君侯。

举戈一怒千年后，尚有儿孙报国愁。

四明山探幽

洗却尘埃下翠林，天光午后半山阴。
泉清草湿烟含绿，谷净枫明鸟递音。
雾壁初开神自秀，云峰始掩意犹深。
感怀不觉临秋境，村老亭前酒对斟。

大伾山[1]怀古

黎阳[2]古道绕山遥，秋气嶙峋万木萧。
晋佛[3]尘间难胜鬼，商王[4]地下可兴妖。
凿崖[5]挥墨翻新志，开院[6]摛辞破旧标。
淇水环萦双鹤[7]去，浮丘[8]一点雾中飘。

---

1 大伾山：又称青坛，位于河南省鹤壁市浚县城内。
2 黎阳：即黎阳仓，浚县一带古称。
3 晋佛：为晋代开凿，高数丈，于天宁寺内。
4 商王：纣王。朝歌（淇县境内）失陷，纣王自焚葬于此。
5 “凿崖”句：明末大书法家王铎曾上大伾山书“鹭涛虎岫”“仙愕”镌于苍壁。
6 “开院”句：即王阳明书院。
7 双鹤：曾有“双鹤栖于南山峭壁”典故，鹤壁因得名。
8 浮丘：即浮丘山，又称南山，与大伾山遥相呼应。

寄怀

巢湖市诗词楹联学会新春联欢会致贺

北国春来雪未消，锦书报喜慰清寥。
嘉宾妙构开新局，诤友奇思改旧标。
座上群贤诗境远，旅中赤子梦乡遥。
元宵在望传心语，共祝家园分外娇。

谢赫扎伊德清真寺观感

此为中东最大清真寺，工程雄伟，世称奇迹，赞曰：

金壁勾连气若神，人间化境出凡尘。

法传天意明清浊，规顺民情守果因。

礼拜形收凝一体，虔诚力发铸千钧。

无私图治归真主，万里黄沙一片春。

游兰亭随感

草木苍然别样春，潇潇韵致出风神。
兰亭小序惊辞翰，曲水长锋动古津。
代有流觞能醉客，时多雅集可留人。
径深不识山中意，尽误书家空自循。

访龙门洞道院

翠壑幽玄曲栈寻，莽苍峭壁起云林，
雕龛挂处悬崖断，画殿开时危路深。
碑室循声通暗瀑，经堂记诵隔尘音。
浑元顶看人寰界，一缕青烟罩远岑。

登迪拜塔

欲驾青云天地开，登高一瞬到仙台。

黄沙接翠城池秀，碧浪争帆海域恢。

日坠灯华风色幻，夜萦月色玉容催。

家园望处深沉梦，心事迷茫未许哀。

登云龙山

放鹤亭望古邑开，前朝寺对旧时槐。

山城内外龙云绕，故垒沉浮泗水回。

楚地悲歌成演义，鸿沟戏谑助诗才。

是非千载谁裁定，几缕斜阳照汉台。

登峰兴题

老身攀壁九回萦，百丈苍松栈外横。
大壑阴深云自度，高崖冷寂月初生。
惯求险径凭孤胆，常探荆丛喜独行。
不信天阶难入画，敢登绝处赏峥嵘。

游伪满小皇宫有感

锦袍寄处玉墀移，殿上君臣对日旗。
自把弱身亲虎口，又将瘦骨困龙池。
关山内外无家国，黑土阴阳隔祖祠。
欲问神州多少恨，匪争兵祸与东夷。

桃花潭即题

南阳[1]石径小潭秋，碧水山前抱镇流。

汪令殷勤千盏酒，谪仙获醉万家楼。

弋江烟雨思狂客，老渡朦胧忆远舟。

两岸新风融古韵，唏嘘不见有人愁。

---

1 南阳：桃花潭唐为南阳镇。

游崆峒山

一任秋深西北峰，枫争壑立照云彤。

松崖显隐悬幽径，雾岫朦胧湿古钟。

帝子焚香勤问道，骚人酹酒笑玄踪。

凌虚往复寻清境，醉入仙家仗短筇。

龟山汉墓游感

汉襄王刘注夫妇合葬墓。此依山筑陵，凿壁穿崖，甬道双进，洞窟深邃，宫室精致，堪称奇迹。陪葬丰盈，祭品繁杂，生灵各具，故恻然有感，遂诗曰：

野草枯荣岁杳茫，襄陵暗道浅松冈。

九泉含玉穿岩底，两殿铺金构椁房。

背垫民膏魂续梦，德离社稷国无常。

苍生自古由天命，多少幽灵侍大王。

过马嵬坡

江山常易景常迁，犹记美人葬马前。
含露野花横艳骨，蹙眉秦女拟香肩。
粉身未解唐宫恨，断梦还将汉室怜。
古道秋风凭吊处，夕阳青冢冷千年。

游蒲松龄故居遂题

蒲庄幽事隔红尘，易境轮回三百春。
家国多霾非旧历，江山不语有前因。
圣门难堵余贪鬼，学府方知育赌神。
重识聊斋君意切，狐仙本就比人真。

清明

晓雾初开陌上新，朦胧恍入故园春。
山匀杏雨迷离景，水漫芦烟缥缈尘。
久寄都城犹作客，偶归故里可成宾。
梦回但见松冈远，野火年年照旅人。

谷雨偶题

无奈阴晴总感伤，春阳半暗雾轻扬。
林花倦影随风雨，柳絮愁心任渺茫。
窘向国都听梦语，忆回家邑品茶香。
乡思不计天涯远，苦旅谁知泪水长。

周逢俊花鸟小品 2013 年 32cm × 33cm

南度端午节感怀

晓阴愁雨哭端阳，谁与贾生共感伤。
楚水催舟槌鼓急，湘沙抱骨散蒲香。
狂歌大义乾坤窄，骚客多情日月殇。
惆向江山寻屈子，萋萋溟色眼茫茫。

重阳

独上苍茫一望空，家山杳渺隔寒濛。
黄花带泪分人怅，翠艾低咽共我恫。
最怕疏林听杜鸟，堪忧寥廓送归鸿。
人生岁老自怜忆，倦旅常温故旧中。

自题・其一

似续前缘做画工，垂帘孤影忽成翁。
名山仗胆登高峻，雅室期心越古风。
燕市春残迷俗眼，琼楼梦断向虚空。
肯将慷慨撑清骨，自许年华寂寞中。

自题・其二

我本山中自在人，云心出入不沾尘。
愿将画作才情寄，敢把诗当正义伸。
宁枕残书销魔梦，忌描俗卷骗财神。
身支老骨应风雨，相与梅花共度春。

自题 · 其三

血性男儿气自张，画坛寂守独清狂。

百经炉火筋初韧，千过砧锤骨始刚。

纵到低檐心更直，曾临危岸志多扬。

平生最羡长安客，醉入江河舞月光。

进京十八周年题感

一别云山赴帝京，亲朋为我壮前程。
琼楼富丽非无路，陋巷清寒却可营。
常向诗书寻妙境，还从笔砚见峥嵘。
回眸泪眼轻潸处，更有豪情贯古城。

进京二十周年自题小照

屈指皇城二十年，不知霜鬓比秋先。
宽衣有筑怀揣梦，窄枕无眠绪若烟。
未必诗书成绝响，几从字画结佳缘。
而今唯恐误人后，心系学堂效古贤。

戊子自题小照

半世清狂半世辛，一身气骨野无驯。

词风委婉天资合，画韵雄奇禀性真。

识浅非从穷理见，道深偏向未知循。

窘然蠖屈犹伸意，自勖人生琢可臻。

周逢俊墨牡丹图 240cm × 119cm

墨牡丹写真

独向清园晓雨溟，春寒久滞未闻翎。
雾穿淡影疏枝俏，风过素妆散蕊馨。
寂守虚怀融蝶舞，幽存雅境合君宁。
天开气象为吾得，倔笔从来不媚形。

柳湖[1]晚行

残阳一抹鸟归窠，山露桥亭接远荷。

滤净天光如翡翠，梳清柳影现婆娑。

方疑曲径无明栈，细测幽泉有暗波。

秋暮风来飘晚韵，林间落叶共吟哦。

1 柳湖：始建于宋，明藩王私苑。同治年毁于兵燹，后为陕甘总督左宗棠修复。

周逢俊秋林雅集图 2015年 68cm×136cm

九九与诸友登九华山后峰

重阳况复九华秋，妙境偏从险处求。

莫测幽深多坎坷，应循曲径著风流。

凉亭积翠思停步，断栈摇枫堪放眸。

暮鼓钟声天自远，登高不尽是乡愁。

与诸友海上游即兴

横波荡漾半湾清，遥屿烟迷接海平。

映日悬帆争鹭羽，晓风扶楫润鸥声。

狂歌情自壮怀出，妙句缘由醉意生。

最喜云山多悦目，蹙眉消处小艇轻。

寄怀

夕散城霾气未清，冰天彻骨赏梅横。
山花零落期来日，浦柳萌芽岁又更。
暂把余愁留浊酒，忍将幽恨动寒筝。
苍波归棹任涯远，心系亲朋万里程。

台北行

红土萦怀梦似真，相逢处处酒杯频。
山城翠雨连霄汉，水邑清波接雾滨。
邻峙倭人增国耻，岛环草寇扰民辛。
海峡风色涛声旧，不尽乡愁是故人。

春至太行山黑龙潭写生偶题

百丈嶙峋壮气生，晨昏雾绕有龙鸣。
断崖花影争奇树，危石仙姿矗幻城。
慎向云梯悬鸟道，漫将竹径架猿营。
攀高欲上身先惧，境转心移步步惊。

周逢俊太行山黑龙潭春色写实图 2014年 122cm×244cm

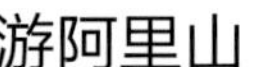

游阿里山

车前暮色雨潇潇，三两竹楼翠韵飘。

清壑迂回崖更陡，幽溪曲进路尤迢。

凝眸细察叹香草，俯首低寻赏灌鹩。

忽见峰高天栈直，采风独自上云霄。

普陀山游感

满屿烟霞海日升，山花灼灼鸟飞腾。

观音耸立祥云绕，佛祖端庄碧水澄。

野岸听涛留远客，仙乡赏月见高僧。

往来如梦谁人悟？香火寒灯空自凭。

北行

丙申年清明，余与诸弟子坐动车北往太行山，燕赵平原，晴翠朗阔，蔚然春秀，斯气象予人以神明也，遂诵之：

北去中原阔，青春伴我行。

晨清花滴露，日暖鸟争鸣。

城角营新市，村前备旧耕。

晴风澄远碧，心翼与云平。

— 2016 年 4 月 9 日 作于去晋城动车上 —

凤凰谷春行

三两崖花几树春，疏林翠气势嶙峋。

龙潭夜雨披松瀑，蝶谷晨风过石津。

九曲沟横翻旧貌，千寻壁立赋佳辰。

生灵物发青阳照，正是山家四月新。

—— 2016 年 4 月 14 日 作于太行山陵川 ——

游龙峡湖

高峡筑梦汉波横，百转青崖诡境生。

夜雨溶香涵碧玉，朝霞蒸雾映金屏。

凡怀岂测城池暗，托臆先欣洞府明。

隔岸堪听天籁曲，龙潭九叠一亭清。

—— 2016 年 4 月 作于太行山凤凰谷 ——

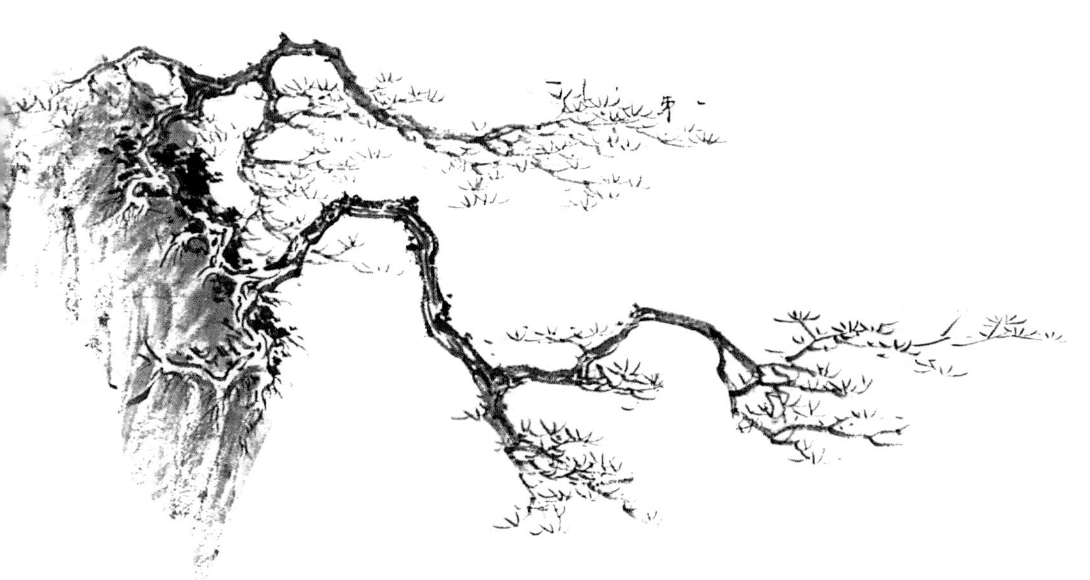

游真泽宫兼访元好问读书处

——应友人嘱即题

元柏苍华古境幽，西溪雨后紫丁稠。

龛前花影香残绕，殿下仙尊忆旧游。

民愿非因更代失，官风如是赶朝留。

遗山[1]刻壁清明句，寂寞空余只有愁。

—— 2016 年 4 月 作于太行山陵川 ——

1 遗山为元好问之号，其十四岁随叔父元格（时任陵川县令）客居陵川，求学于郝天挺门下达六年，常与友人于西溪真泽宫读书。泰和五年（1205），题七绝赞美西溪，后人将其诗刻于宫壁上。

登五行山[1]

山高不拒鸟争先，更有云心在鸟前。

谷底风沉横老木，崖头雨急挂清泉。

荆花溅血愁残照，野草飞香壮旧年。

不死金猴缘劫咒，嘛呢石下梦重圆。

—— 2016 年 4 月 作于太行山陵川 ——

1《西游记》中孙悟空被嘛呢咒压在五行山中，后因缘被西去取经的唐僧揭去咒符，遂获重生。

过王莽岭

草木新丰春自娇，峥嵘筑翠竞飞枭。

云浮暗壑迷难测，水绕幽冥杳是标。

路近天台残垒尽，心游汉殿旧城销。

王侯战地无成败，俱与野花归寂寥。

—— 2016 年 4 月 作于太行山凤凰谷 ——

观锡崖沟瀑布

——应友人嘱即兴题

春山气浪动云间，一泻奔澜汉水还。
回壁余声传古象，断林积翠隔荒蛮。
浩然崛拔同心境，窈作神驰入道关。
庐瀑高飞谁见状？锡崖势出壮人寰。

— 2016 年 4 月 26 日 作于太行山陵川 —

登丛台

赵国都城邯郸，历两千载未曾更名。丛台传为武灵王所建，烽火百劫，几度衰荣，故登临有怀：

丛台故垒赵王宫，举步沉怀夕照中。

胡服强弓增厚忆，披幡劲舞付虚空。

功成锦岁缘时运，名落流光化古风。

遗韵春来飞柳絮，花开不与旧都同。

题《墨梅图》

拗捩孤伸探九霄，瑶台盛景尽萧条。
苍枝抱寂霾初散，黑土凝寒冻未消。
铸骨坚从清峻立，着花倔向冷川娆。
惯存小性终无改，裂谷春声听夜潮。

春山早行图

一涧奔澜百转矶，双亭抱壁接雄巍。

半弯晓月崖光瘦，几点残云灯影稀。

破寂鸡声惊远翠，平愁花色入重绯。

廊前草露浸山旅，心与朝霞万壑飞。

—— 2016 年 4 月 作于太行山陵川 ——

春城吟

漠北风沙入翠微，高城帝阙日无晖。
上林春晚愁花病，闹市官多厌鼠肥。
朝夕人流争鬼路，古今月色照民扉。
春来乱絮多迷眼，看似轻浮带欲飞。

梦归桃花源图

峰回梦所几嶙峋，忽见霞飞一壑春。
日月花开妆四季，氤氲水潋润千津。
田畴织翠莺争舞，村埠飘香酒自醇。
幸得桃源清境地，机心岂做武陵人。

夜读偶题

好把澄怀守静庐，修身有节出山初。

席前耻侍庸官酒，灯下痴看壮士疏。

远岸长嗟浮海梦，回澜一啸赴天渠。

夜来风雨江湖暗，枕上无眠可读书。

—— 2016 年 5 月 ——

“斯义弘深——周逢俊进京二十周年画展”学术研讨会上兴题

宾云画馆赴佳期，慰我沙滩[1]各有词。

求不同声甄别意，得非合韵备留思。

尚真负累千回逆，唯善平愁百转疑。

寂向心声听潜啸，奔澜热血绽花时。

—— 2016 年 3 月 11 日 ——

1 沙滩：中国美术馆所在地名。

题《春宵酒醒图》

日暮春江怅远涯，山回棹影绕孤鸦。
渡头独立波声暗，槐上微弯月色斜。
谁计旧园千百转，奈何幽梦短长嗟。
离愁总被闲情累，酒醒窗前听落花。

—— 2016 年 6 月 作于北京 ——

除夕感怀

帘下烟花五彩生，都城闹夜照空明。
登楼有约销遗绪，嘱雁无凭兑旧情。
故里传书萦梦读，天堂寄语隔云横。
思亲一醉江湖泪，羞对青山误薄名。

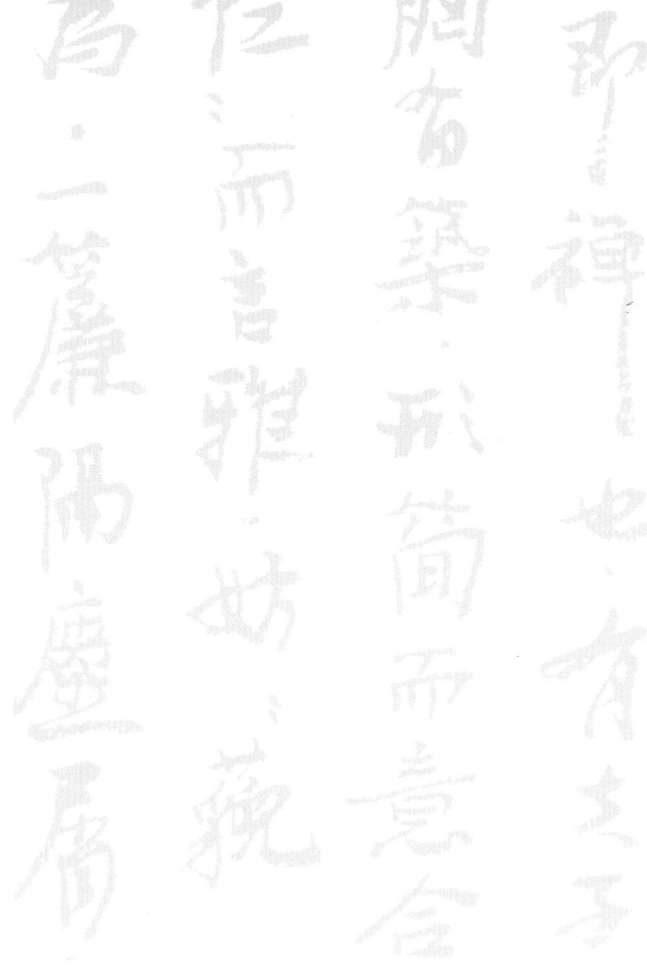

故乡吟并序

今日之故乡，荒村空寂，杂草丛生，田地无人耕种。偶见老幼，屋前相携，问故得知，其儿女外出打工，终年难见一面，此情景令人唏嘘……

雾里荒村野气生，家园沃土弃无耕。

寒林寂寞鸦闲噪，陋室阴森鼠自横。

槐下絮翁孙戏杖，地头勤媪犊争坪。

年年农改问成败，日暖花开春又明。

读黄君《黄庭坚书法评传》题感

晋唐奇崛在苏门，山谷天真气可吞。

韵接家园风水秀，灵收翰苑子衿魂。

含清籀立诗为骨，抱义谦行德有根。

百感时文谁写出？洪都才俊是黄孙。

—— 2016 年 2 月 ——

故园吟

花争暖树小村前，为报归程春已先。

故老开颜叨旧事，邻童绕膝指新迁。

松冈带露云烟杳，涧底回风鹤影玄。

浪迹天涯三十载，残怀一梦对山圆。

——2017 年 3 月 16 日 于故乡——

二月二有感

北际余阴积雪寒，尖风夜转气高宽。

苏林破寂烟初绿，冰谷融坚日始丹。

暂把期心筹丽藻，重抬望眼寄春澜。

云深窈渺蟠龙隐，万象生机待凭栏。

— 2017 年 2 月 27 日晨 于北京松韵堂 —

丙申年席上吟

儿孙座下共年羹，笑把轻杯对满觥。

咸淡分盘多素食，晨昏散步绕园行。

老怀不拒新书读，倦眼专翻古画评。

偶向花台闲自赏，半壶茗雾一帘清。

—— 2016 年 2 月 ——

新年偶题（示诸儿）

——北漂二十年感怀

京城弹指过华年，风雨回眸往事翩。

寒室饥慌书解饿，期心郁结梦难圆。

愁深惘自凭栏望，识浅何堪俯首怜。

艺海苍茫明远志，老将余岁赋新篇。

—— 2014 年除夕 作于北京天通苑 ——

周逢俊 素香清远图 2015年 68cm×136cm

除夕夜酒后寄怀

厌看新闻报国兴，不知盛世有何凭？
东君愧对河山碎，孔圣惭教竖子腾。
贪吏惊魂祈旧庙，良民恨鬼盼真僧。
警钟鸣处霾如夜，共待苍天万里澄。

——— 2012 年除夕夜 作于北京 ———

题赠伍灯法师

悟得空门远俗嚣，风尘半百换僧袍。
文章妙可通秦汉，笔墨清当比魏曹。
每念续缘皆苦命，须知贪欲是愁牢。
大乘载德抒心志，横渡苍茫一叶篙。

——— 2013 年作 ———

夜吟

花落黄昏在小池，绕池独向五更思。

蛙声梦断湖山远，桂影纱穿草木弥。

负累期心摧朽骨，纠纷裹岁蹙愁眉。

群鸡啼夜争明暗，北斗横斜交替时。

读书偶题

晨昏抱读亦何求，久困愁城已白头。
弃杖临涛寻彼岸，扬帆欲渡济苍舟。
悬梁不废灯前意，炼骨能撑釜下羞。
独奉天酬斯有命，三千载后看风流。

题早春图

冰谷崩声带雪消，疏林劲气卷清寥。
崇山峻拔青云上，叠涧湍奔白水遥。
压底凝愁筋未损，囚中积愤岁如潮。
生机共待兴家国，莫让江河浊雨飘。

秋吟

——题旧作《天涯秋旅图》

残阳气色入苍凉，楚水云深隔远航。
北上频添南国梦，京漂难慰故城伤。
荒江负载纤夫累，仄岸横斜野菊香。
独就西风愁兑酒，年年雁过满天霜。

读书随感

小楼灯影裹春衾，月照窗台歇古琴。

不作贪思追梦尾，尤勤苦读入书深。

南冥有载齐天志，浊世常修炼石心。

唯恐老来人笑薄，垂帘酌句酒孤斟。

—— 2016 年 3 月 作于北京天通苑 ——

登山海关即题

燕山晴翠接潮生，独步听涛上戍城。
峭垒沧桑悲故国，雄关气色壮青茔。
秦皇励志横天筑，洪武扬威绕海营。
野草闲花空祭处，长箫塞外一鸣清。

游小壶天[1]兴题

仙村翠壑白云稠，峰转迷离一洞搜。
仄径穿幽听竹籁，细泉[2]过隙赏珠流。
割天笑纳零星窥，僻室谦收少客游。
壶小僧闲唯得意，晨昏坐对世间愁。

1 小壶天：位于齐云山梅轩道院左侧悬崖内，有精雕石阙小护栏，石壁间镌有“退思岩”。

2 细泉：名“一线泉”，小壶天内石隙里。

无题

岁在 2001 年孟春，余应邀于海南作画，邂逅南国才媛，遂与抚琴作画，游园行吟，是夜兴题七绝一首，今读来不足以尽兴，故改七律试云：

城外春深曲苑西，梨花满树照清溪。

听堂绿绮调弦轴，入寺朝云作杖藜。

敛黛愁横声许瘦，适颊光翥韵多迷。

佳人侍夜无眠意，一任窗前山月低。

无题（有感而发）

自谓轻名误入围，庸将琐俗贱心机。

多纠小事争成败，好惹闲情斗是非。

穷技尝赊勤吏府，糙工剽学动京畿。

操躬一揖眉梢处，鼠目寒光照夜肥。

—— 2015 年 11 月 3 日 作于北京 ——

无题·其一

重温旧事识悲痕，詈向天朝带血喷。

笔卷红潮听国魇，刀藏煞气断人论。

秦君小作坑寒士，明祖无辜制怨魂。

时问九泉多少恨，十年冤债筑阎门。

无题·其二

共有悲期恨未平，隐将烛泪祭精英。

慷为壮士归天国，碾作雄魂垫古城。

喷血如花春溅色，发怀若醉酒催声。

至今白骨陈荒野，夜夜清寒北斗横。

登南郭寺谒杜少陵祠有怀

未到秦城[1]先入山，汉唐松柏白云间。

少陵曲径连新野，古寺禅钟绕险关。

问史堪怜吟旧句，感时不遇叹苍颜。

哀伤莫诉心头恨，香火龛前几世闲？

1 唐肃宗乾元二年（759）秋，杜甫为避“安史之乱”，携家小奔于秦州，杜在陇右存稿117首，“三吏”“三别”亦在此间所作。

观黄河入海口

大野风尘送远眸，黄潮滚滚不堪愁。
本源高洁怀天下，无意浊流肆九州。
秦汉箫声侵故道，隋唐鼓韵起龙舟。
狂澜所向三千载，奔到渤湾犹未休。

登齐云山

白云高卧翠峰楼，回首横江绕古州。
春气连山迷远嶂，花香满地接千畴。
烟龛咫尺阊门渺，道观幽深洞府收。
百转尘身犹入境，长风一啸对泉流。

游龙门石窟

龛老嶙峋景却恢，隋唐雅韵气崔嵬。
南山抱缺凝衰忆，伊水沉沙滞未回。
物发春愁怀盛世，人生憔悴怅空台。
沧桑最是铭残壁，千载龙门究可哀。

旧都赏牡丹遂题

洛阳花气溢春城，香骨何曾负帝京？
玉露妆成争巷陌，朝阳丽处伴农耕。
三公移向千家暖，百姓迎来万树荣。
我赏牡丹真国色，一园厚土共苍生。

游夏威夷随感

四面汪洋一兀洲，松峰起伏万家楼。
潮头地火争朝夕，港底沉锚又过舟。
旧国珍珠含怼色，新城宝石配温柔。
花明雾翠知何处？醉入檀香是梦游。

齐云山雨中访御虚宫

白岳溟濛翠雨寒，天街小步带蓑看。
曲阶苔满幽萧寺，老木藤披锁供坛。
道士倚门闲窥客，行人歇栈爱讯官。
悲欣自古芸芸事，香火至今照旧栏。

登山偶句

一上南山草木稠，含烟带露日蒸流。
云崖竹翠清如水，野谷栀香白似绸。
欲洗澄怀循古道，先穷远目上层楼。
江东得意愁难了，也自双溪到婺州。

瓯江行

丽水柔波入翠空，芳林白鹭影朦胧。

渔人网下秦时物，骚客帆前汉代风。

远岸桑田埋故迹，古州烟色未消融。

昔年诗境谁曾见？游遍江南一画翁。

登雾灵山古楼

寂寞登临在暮秋，愁怀惯上古层楼。

灵山气肃残阳坠，燕地风寒落叶稠。

小径蛩稀声却冷，幽岩水滴固如囚。

岂因情绪高瞻堵，万里苍寥一望收。

周逢俊兴隆写生 2014年 68cm×136cm

游白洋淀有感

萋萋苇荡浩如烟，一棹轻波五百旋。
鸥鹭惊鸣渔撒网，桥亭古渡旅游船。
菱花露白香初碎，藕叶含珠梦未圆。
行到遥思心胜眼，他乡即景忆童年。

瓯江小镇

翠雾连波漫碧空，青皋古镇与春融。
杂铺横街深巷曲，廊桥窄渡小船通。
黄昏鹭入祠前柳，黑夜渔沉渚外笼。
清宵月色花如醉，正是江南一片红。

游司马台怀古

司马台高百丈横，苍崖故垒竞峥嵘。

蛩声断续传残壁，鸦影低回落旧营。

戕骨成楼良将死，净身宫阙宦官生。

悲秋抹叹凭栏事，代有冤魂壮古城！

题盆景图

小兴画室一盆秋，几上闲观亦著愁。

撮土堆涯招悦眼，撩空折骨赚低头。

衔山拟拔难充栋，抱石盘伸不是丘。

遒发生机营境界，虐身提价卖人囚。

2016 年 11 月 于屯溪

题与青年书画家谈创作

逸兴腑底状难肖，九曲回肠绪火燎。

真性通融天与共，伪情浅杂技无标。

思形妙往神先动，感物佳存臆可描。

探索前贤从未至，江山何处不妖娆。

拜谒大岭宗祠

南焦水浅接阡畴，几树枫红万谷秋。

洞府青烟萦旧庙，仙村翠气满新楼。

宗祠壁照形犹古，玄德堂皇意可幽。

细柳清莲传典范，台山大岭一家周。

昆曲大师洪雪飞故居观后遂题

歙下三阳万户村，梅溪水碧映洪门。
清岩欲显来龙[1]地，翠竹犹藏白虎[2]园。
仪态婉从随戏理，音情妙化注昆魂。
梨花飞雪凝香处，昱岭关前觅旧痕。

1 来龙：即来龙山。
2 白虎：白虎头，两山相拥，叠嶂起伏，茂林蓊郁，洪村卧其中。

昱岭关[1]怀古

塞上秋残昱岭关，徽杭古道尽苍颜。
烽传铁甲来兵燹，夜走茶商困马艰。
骚客愁添孤雁渺，旅人怅送片云还。
回头忍顾当年事，无限伤怀草木间。

1 昱岭关：《水浒传》有“王麒麟大战昱岭关”，昱岭关乃徽杭要塞，茶马古道。

周逢俊银屏山初夏 2011年 244cm×122cm

题银屏山松鹰图

苍虬裹甲立风前，遥挂清泉白玉悬。

纵览荒原穿远岫，高旋莽壑过层烟。

曾讥枕作凌云梦，莫笑苇能渡海渊。

薪胆山中多苦志，一冲万里上青天。

题雪霁山行图

幽山雪霁冷森森，疏木梢头鬼哨沉。

窄径环林空觉远，小桥卧谷曲尤深。

苍峰气短云消瘦，颓岭虚张日积阴。

我自登临前景阔，孤身欲向断崖寻。

题登九龙瀑图

狂澜奔泻九龙惊，万里云深百嶂横。

仄壁洞穿连古道，苍松斜挂出蛮荊。

遥峰气象犹难测，远岫风神浑不明。

此境前贤应未至，留吾壮志向天行。

题太行高秋图

攒石浮空半壑秋，乱云雨后看茫流。

闻声似感孤猿啸，觅影当知离雁愁。

大象无形高士迹？世间有梦后生谋。

岁寒再上峥嵘路，欲进方须步更遒。

题太行春山图

东风日暖雨添新，山色空蒙谷自氤。
畦畔杏桃争艳树，村头雀鹊闹香椿。
云横叠嶂凌飞瀑，水曲环溪润险津。
妙景兴来收笔下，雄姿俏与太行邻。

（癸巳冬于山西昔阳县写生，此处为太行山支脉）

题清气满乾坤图

应“书香中国万里行”编导嘱，作此并题：

江山代有读书郎，歌赋诗文诵汉唐。
旧史烟痕堪展卷，残碑雨迹可成章。
悬梁意在兴家国，凿壁功非侍庙堂。
万里春风花竞放，神州到处墨飞香。

题写生《雾灵山烟雨》

燕峰高拔矗京东，翠减苍崖转浅红。
雨过凄声蛩自少，云开冷色鸟难融。
疏林寂寞诗填壑，幽径空迷画入松。
远眺都城张俗眼，何如独处啸秋风。

题玉堂春图

意象高华笔墨兴，书中一脉得传承。
天香晓露诗间化，月色清风袖底澄。
燕地多霾须自洗，家山有梦愿同登。
儿添犬子老夫笑，报喜堂前日正升。

周逢俊 玉堂春 300cm × 208cm

题《黄山天都松》

岩隙盘根度寂寥，死生不计自逍遥。
清高岂羡蟾宫桂，韵雅偏嘲碧玉箫。
欲铸金魂凌皓雪，横撑铁骨对寒潮。
浩然养我青云志，只待东风翥九霄。

周逢俊黄山松 2015年 136×68cm

题《徽商故里古村落图》

江村雨歇翠烟稠，曲水登舟处处幽。
白岳[1]云飞难住足，黄山气立壮回眸。
三朝筑梦营新市，百代流芳耀古州。
小技丹青犹未竟，欲寻诗句却生愁。

---

1 白岳：齐云山别称。

题《秋过秦岭太白山图》

十余年前，过秦岭，夜宿太白山，想数十载，浪迹天涯，今重游故地，触景生情，悲从中来……

秋风渭水过秦川，迂复千山又一巅。

断雁追霄云隔路，征人渡壑月迷渊。

霜星寥落沉杯影，野火残薪照梦圆。

坎坷幽通心曲处，乡思夜夜带愁眠。

答友人（题《幽谷野趣图》）

窗前拙笔一枝横，侧耳啾啾听鸟鸣。

画胆婉随唐韵出，诗心漫与性灵生。

新奇未必如他意，古朴还须注我情。

欲向山林寻境界，秋风野逸看峥嵘。

题巨幅《黄山西海》

黟山秀接万峰青，帝子炉烟绕锦屏。
岁像峥嵘横鸟道，时光冷立挂狼星。
登心不估天酬价，入梦无量胆作翎。
敢有南巢西海客，一怀真意蹈苍溟。

周逢俊黄山松 2015年 68×136cm

晨郊游兼怀乡

露湿初阳草径长，疏篱隔水几丛篁。

环畦错绕花藤蔓，满架多飘蔬果香。

握土苍眸回楚地，漂京白首在燕乡。

似非旧影追残梦，恍忆村前一小塘。

—— 2016 年 7 月 于北京 ——

与诸友重游敬亭山

三十六年前，余流落江南，幸与南陵师范四学子街头邂逅。而今白头相逢，唏嘘不已。遂践行前约，携手共览敬亭山春色！

三月宛陵春欲荣，江城嫩雨翠烟生。

一溪草色天边蔓，双寺钟声域外萦。

醉问诗山寻李白，痴临画谷赏梅清[1]。

重逢不叙沧桑事，依旧当年意气横。

——— 2017 年 3 月 19 日 ———

1 梅清：清代著名画家，安徽宣城人。

观龙卷风

急波骤暗起螭蟠，裂谷崩云气象残。

草木惊风千遍折，江山伏雨九回盘。

啸神力拔乾坤转，愁鬼倾浮雷电弹。

震怒飞天无域界，尤将民意卷狂澜。

吟向日葵

机心出角比蒿张，梦里梁材命里荒。

立足曾经追日苦，仰头何计带沙伤。

拔身敢妒苍松直，撒蕊不输野菊香。

一片残辉怜独影，怎甘弃子度风凉。

立秋 陪亲友游十三陵有感

燕山水缓抱陵流，城壑蒸腾气未收。

出入车流奔喜怒，闲忙岁转失春秋。

青丝不待囊中物，美梦偏从命里谋。

草没前朝思过客，一样时空多少愁。

—— 2016 年 8 月 ——

题樱花图

傍门秉烛赏红樱，旧地逢春往事萦。

花嫩怯寒怜不抵，露香扶浴觑还轻。

朝云潜入青丝梦，暮雨侵来白发萌。

枕上留痕空自惜，满宵清韵带愁生。

—— 2016 年 8 月 ——

小区公园散步即兴

游园入梦在花林，翠滴清莹露湿襟。

画舫衔波穿阁榭，廊桥接柳绕葭浔。

腮红翻蝶媪翁舞，羽白栖荷鹭鹤吟。

倚石听风松竹处，幽人隔水独操琴。

—— 2016 年 8 月 12 日 ——

秋兴

畿甸清泠雨后车，晶莹斗色满黄花。

筝开云杳张诗兴，笛远风沉任梦奢。

硕地枝头先醉眼，金秋腹底忽思家。

帝城老与归鸿诉，人字愁心万里涯。

—— 2016 年 8 月 于北京 ——

周逢俊 高峡筑梦 2014年 68cm x 136cm

游云冈石窟

武周山色绕崖秋，千窟烟霞岁月稠。

匠意宏生多巧作，凿锋细入带灵修。

平冈造境非僧梦，立佛机心是帝谋。

香火兴衰寻旧势，一川草木诉残丘。

—— 2016 年 9 月 1 日 于大同 ——

悬空寺即兴

一寺悬空半壁天，竟斜砥柱越千年。
贪眸风底摇层筑，倚胆崖边吊细泉。
慑上楼台争寸步，慎行索栈挂深渊。
恒峰绝拔高寒地，自古凡夫不敢前。

—— 2016 年 9 月 2 日 于恒山 ——

观永乐宫壁画

纯阳[1]故里在河东，拔地重甍万寿宫。
壁上群仙云路渺，龛前巨匠化时空。
唐风闪忽飘吴带，魏骨飞扬纵画功。
莫哂凡尘灵气薄，惊呼妙手与神通。

1 纯阳：吕洞宾号纯阳子，永乐人。

清明

客地犹寒绪满生，遥岑风雨隔归程。

花香故向愁人发，草色偏随旅影萌。

强作欢言教野祭，哀将梦呓诉荒茔。

家山咫尺烟波缈，渡柳春前空自荣。

—— 2017 年清明 于长春 ——

登鹳雀楼

一样登凭别样愁，河山代有咏残秋。

蒲津野柳穿关渡，舜地斜阳落古洲。

汉武悲风空忆水，唐牛负气断苍舟。

不知鹳雀飞何处，依旧黄波入海流。

——— 2016 年 10 月 于蒲州 ———

过临潼兼夜访石瓮寺

秦陵咫尺汉宫墙，古寺疏钟夜未央。
塞外风前征雁急，关中月下细箫凉。
流星碧落惊僧梦，浅烛幽残照客伤。
剑止鸿门嗟憾事，故人墟上怅苍茫。

—— 2016 年 9 月 29 日 于骊山 ——

题《惠园春色》

最得风情快活林，佳禽百啭润花心。
放眸草色一天碧，旷野春深接远岑。

—— 2016 年 9 月 20 日 ——

赴晋题秋感

北地秋风入夜凉，孤身云杳旅人伤。

愁深散处愁心筑，梦远归期梦路长。

草色霜前难止步，雁鸣月下肯思乡。

命中负岁羞言老，足下标程伴菊香。

题《泰岳长松图》并序

三十年前故旧成殿兄来访，白首相逢，感怀零涕，堂前小酌连宵，烛光俚语，不觉紫微斜窗矣。
悉兄适逢六十华诞，遂以酒遣兴，泼墨作此图以贺。

小城年少比风流，一聚他乡已白头。

楚水青山萦旧忆，拥宵烛酒话高楼。

— 2016 年 7 月 2 日凌晨 于北京松韵堂—

暮雨登天子山写生

云翻谷底气如潮，草木斜披风雨潇。

莫叹雄魂[1]成野鬼，应怜倩影化山枭。

临秋落色凭愁客，入暮争分上险峣。

隔雾明知难抵眼，却借灵心画九霄。

— 2016 年 10 月 27 日 于张家界风景区 —

1 雄魂：向大坤为土家族首领，元至正十三年（1353），在隐士李伯如辅佐下，揭竿起义，自号曰“向王天子”。

周逢俊 武陵源秋色图 2017 年 230cm × 200cm

雨登乌龙寨

壁垒苍崖风雨陈，狼牙栈道仄容身。

当关险寨齐天立，仗剑匪心与鬼邻。

猎欲弯弓空鸟树，助张暴政断人伦。

此魂未散成贪吏，潜入江山化浊尘。

— 2016 年 10 月 24 日 于武陵源景区 —

栖迟春光

中央数字电视国学频道上巳雅集即兴题

都门高会赏花翎，几曲清商醉里听。

慷慨风曾传邺下，倏然意可续兰亭。

丽人轻舞眉梢累，才子低吟智府灵。

莫与豪情争四月，春光一任效丹青。

—— 2017 年 4 月 9 日 于北京国子监 ——

游张家界题感

武陵立翠八千峰，仗势横天向楚重。
暗壑听风飘白鹭，高林吐雾隐苍龙。
未曾墨客留骚句，到底帝王不敕封。
岂与残碑争峻极，峥嵘岁月自从容。

—— 2016 年 11 月 18 日 于武陵源 ——

胡适之先生故居题笺

上庄隐卧万山中，名与时驰四海通。

雅筑依稀形入古，芸窗更觉意成空。

他乡热血推新政，故国惊涛弃旧风。

浊世岂能容“德赛”，天堂何日慰书翁。

——— 2016 年 11 月 7 日 于绩溪上庄 ———

龙川观胡氏宗祠

华阳气动满溪烟，风物迷眸古境玄。

祠阙宽衔多峻直，官商通达接方圆。

敕封照壁两朝秀，承运光宗几代鲜？

白水秋山讶妙转，一川皇菊耀冬前。

-2016 年 11 月 9 日 于绩溪龙川应友人题-

夜游新安江

百市争辉闹夜宵，楼台灯火照江潮。
花船箫鼓金澜渡，锦塔星云紫气飘。
国旅颜开肤色异，华侨语涩舌声翘。
一川风俗古州梦，狂友街前醉里佻。

—— 2015 年初夏 于屯溪 ——

与友人登九华山即景

江南共赴九华春，佛国花开隔远尘。
香客龛前无贵贱，财神膝下有金银。
警钟岁岁鸣朝夕，签谶四时判果因。
代受轮回多少劫，菩提树底问迷津。

—— 2014 年春 于池州 ——

无题

长庚隔夜启明东，不见遥思生死同。

域外风尘迷古塞，城头月色照苍穹。

寒怜独影随愁雁，妄估穷期任絮虫。

人世缘来云路短，青山一梦转头空。

—— 2016 年 10 月 于潼关 ——

蓝田咏菊

最喜蓝田白菊开，盈荣万亩闪皑皑。

清香带玉瑶台种，素洁披霜美女腮。

秋水风回明浊眼，幽山气荡涤凡胎。

依岩小筑询稼穑，野老问吾何处来。

—— 2016 年 11 月 于皖南休宁 ——

周逢俊 黄山松图 2015年 96cm×178cm

登华山

初霁华山风色稠，傍岩萧得一斜秋。
烟含窈壑天光浅，日散玄宫地气浮。
晋野长河偏古道，秦川关塞兀荒丘。
登高惘自思家国，谁与凭栏向远愁。

—— 2016 年 9 月 28 日 于华山 ——

过秦关

香消初萎叶，寒意带秋风。
水曲天涯远，鸿孤旷野空。
壮思心胜旅，勤足酒添盅。
入渡秦关下，残阳万里红。

-2016 年 9 月 29 日 于运城永济-

诸葛八卦村

一村旧垒对时风，虚实勾连神鬼懵。
水注幽漕千径曲，人穿仄巷万家通。
机关不过阴阳结，谋算难前分寸穷。
盗匪轻生瓮里鳖，因缘古奥问隆中。

——2015 年 5 月 于丽水——

无题

忧逢浊世忍煎熬，击鼓阎门骂尔曹。
赤瘴林花遭夜雨，冷囚沙土寄春涛。
驱邪应就疗心术，逼蛊频催刮骨刀。
血气江山凝砥柱，身横野火壮莱蒿。

咏飞云楼[1]

苍然骨立势河东，负累还撑旧地雄。

环水抵帆埋故道，纠云接榫倚尘空。

秦关往复更朝迭，晋垒沉浮几代同？

雨打残秋寒入梦，楼头又起雁前风。

-2016 年 9 月 27 日 于运城河东游观题并记-

1 飞云楼：立于东岳庙门前，木结构，高数丈，层叠旋转，飞檐凌空，气吞山河。东岳庙内存有明清皇家封碑，后遭劫。

观汪琼画展

梨园独秀久登台，雅集人夸咏絮才。

莫叹丹青天有赋，灵心共与苦梅开。

— 2016 年 11 月 30 日 于北京松韵堂 —

莫言故居题感

小桥接野几纵横，谁信荒村四海名。

乡土花香含泪发，庶人血气带愁生。

心肝郁结毫端利，家国霾深思路明。

诺奖迂回讶际渺，蓬门瑞典路峥嵘。

—— 2014 年 于太平村 ——

立春随感

愁怀昨夜拒烟花，旷野寒枝听噪鸦。
年下风沉寻暖地，京中火爆闹春涯。
江山贯被虚荣掩，岁月常经假意夸。
欲问东君何所怅，乡间冻土困篱笆。

自题

披霜何止走千州，爱画江山数十秋。
惜足曾贪花满径，狂心已弃客盈舟。
欲张远见抬孤眼，更逮殷勤越古丘。
小技羞言能报国，百年有梦信天酬。

—— 2017 年 2 月 于北京松韵堂 ——

环城公园游感

草木回望半壁阴，云横壁垒绕芳浔。

桥亭积韵莲波曲，松竹屯清石栈深。

濠畔观鱼神自得，尘间梦蝶境难寻。

依栏一卷香风醉，隔水闲听半日琴。

暮游麦积山

溪山晴翠入林深，几挂岩花三两禽。
魏窟残龛思未断，唐碑废篆意难寻。
游人试胆登高路，词客婉心探远岑。
欲向春迷犹得境，忽听鼓寂日西沉。

—— 2017 年 4 月 16 日 于秦州 ——

缅怀冯其庸先生

京城岁底度悲辰，星座却添文曲神。
笔墨清刚情入古，诗章奇崛性由真。
红楼隔梦寻香迹，金玉含愁释果因。
几得宽堂还未报，闻翁驾鹤出凡尘。

– 2017 年 1 月 22 日 于北京松韵堂痛作 –

周逢俊 凤仪楚楚 240cm×119cm

缅怀霍松林先生

驾鹤凌霄气自扬，教台久已备天堂。

惜才日损撑衰骨，报国年残育栋梁。

独见何须辞意委，真知总被妄言伤。

春山每到清明祭，星汉魂兮归故乡。

—— 2017 年 2 月 3 日 于北京松韵堂 ——

读朱良志文集

别有文心才气横，风荷曲院太多情。

怀深韵具骚人意，笔婉澄兼词客清。

雅读还须重细味，闲思无奈又回萦。

讶存妙境营奇崛，一卷生机日更生。

—— 2013 年 6 月 16 日 于北京宋庄 ——

六十自述

未经甲子苦难诠，苦到轻松是好缘。

曲尽迷涯心愈净，几重破梦骨弥坚。

灵心化自千般榨，功德修须万计圆。

喜向黄花扬远道，又迎新境马蹄前。

画鸡并题感

更深破寂夜声寒，晓月斜廊照玉栏。

白雪含愁惊里巷，清风裹涩忆乡关。

燕山路断云开境，檐下冰封日自丹。

久旅禁他听不忍，披衾细味泪偷潸。

—— 2017 年 1 月 19 日 于北京松韵堂 ——

《诗词家》四周年雅集迎春会即题并诵

一拔翰林花满枝，含香独立俏新奇。

追风不失汉唐韵，举志先从家国思。

德配文豪堂上叟，天遴才俊座中师。

感时有句从心得，应向苍生觅小诗。

— 2017 年 1 月 14 日 于北京地质学院教学楼 —

暮游玛珥湖

岩光波影阆中飘，草木苍然一境萧。

不尽晨昏庵色瘦，有无往复鼓声寥。

短宵留翰韵成古[1]，抱岁修禅意可昭。

向此清风何所见，残阳依旧照新潮。

——— 2016 年岁末 于湛江楞严寺 ———

1 短宵留翰韵成古：宋李纲被贬海南，途经雷州，受楞严寺长老释宗之邀，到湖光岩一游。入夜，月色晴好，湖光映壁，其挥毫书“湖光岩”，后刻于岩壁上。

京霾

形兼雾态暗成魑，出入城池无尽期。

得势楼高先自隐，争分路短近相追。

河山貌似王维画，草木宛如屈子诗。

唯有匡庐松竹处，白云墅里管谁罹。

银滩兴题

白地蓝风碧海湾，琼楼疑似在人间。

张帆远逐心随往，鼓翼高翔志可攀。

宽眼尤容无碍色，壮怀岂滞蹙苍颜。

瀛台得境百年梦，惯弄潮儿不问还。

元旦金沙湾之夜

层台叠韵复琼楼，动幻含香声影流。

银汉光辉斜港外，金湾气色映潮头。

几惊南海风催楫，何惧群沙浪裹洲。

更岁凋颜堪北望，京霾恣处使人愁。

五指山即景

古道森森复雨林，空山翠雾湿衣襟。

虹伸壁窄水声杳，草蔓岩宽花气侵。

任氧拔尘清秽腑，随风追影赏珍禽。

登高目下三千嶂，直赴惊涛万里心。

— 2016 年 12 月 16 日 于三亚五指山 —

亚龙湾夜题

天涯有梦入瀛洲，风月迷茫照蜃楼。

山海苍澜回峻莽，水城古棹绕云丘。

起兴声色花间舞，纵宴佳肴酒里酬。

谁向家园听魇语，围炉童叟度寒愁。

-2016 年 12 月 13 月夜 于三亚瑞吉度假村-

游新安江感怀

倚杖登崖眺远穹，重游故地韵难工。
疏横落石虹宫浅，零坠残花蝶府空。
径下揪心连短渡，涯深散履寄长蓬。
秋风不忍霜先白，过处江舟万树红。

——— 2016 年 11 月 于歙县 ———

渔梁坝晨钓

山塘薄雾晓红匀，出水莲花胜太真。

一鉴香波分浅淡，柳烟深处忘垂纶。

——— 2010 年初夏 于歙县 ———

题禅意图

浮尘遮妙境，缘合意幽通。

水曲连玄壑，山高接窈穹。

川清云卧里，林静鸟栖中。

问往何行处，自由南北风。

——— 2010 年 8 月 13 日 ———

崂山咏怀

欲添壮阔上凌霄，春色云间绕险峣。
苍海深沉思远志，楚人愁郁对横潮。
唐榆掩古呈新翠，道观藏机泄旧朝。
回览仙山缥缈处，归来怎敢说逍遥。

——— 2017 年 4 月 25 日 于青岛 ———

过乾陵[1]读无字碑有感

山陵气色赴春时，先到唐宫读史诗。
凤翥云低横玉阙，龙盘日落拔瑶池。
江山期有英雄往，社稷天遴巾帼治。
旧制翻新功与过，一碑不朽在无词。

——— 2017 年 4 月 20 日 于西安 ———

1 乾陵：位于陕西省咸阳市乾县，为李治与武则天的合葬墓。

周逢俊 一湖春晨 2014 年 220cm × 180cm

梦境小记

——题梦里家山图

梦忽幽来向小蹊，崎岖九曲白云齐。
水漩碧浪鱼虾浅，风卷翠烟松竹迷。
花草融情人好色，蝶峰恰意鸟兴啼。
双亲仙去景如旧，泪洒青山手捧泥。

———— 2010 年 8 月 于北京 ————

画余偶题

宇象本无真，枯荣序果因。

辛勤圆独个，互以一缘轮。

草木风和丽，人禽善比邻。

充融各有志，守格应相亲。

——2010年8月 于北京——

题怪石抚松图

拙趣庄生貌，虚怀黜匠心。

松苍腴古色，竹瘦润天音。

气铸骚人啸，魂扶逸士琴。

怡然同与乐，有寄在高林。

—— 2010 年 8 月 于北京 ——

夜游避暑山庄

曲岸萋萋入夜空，帝家风物月朦胧。

移栏竹外氤氲隔，揽牖松前气韵通。

路断波衔桥影碎，湖开浩接月光融。

轻分菡萏寻香渡，一楫惊飞柳底鸿。

—— 2008 年夏 于承德 ——

松韵堂诗词赋自选集

踏莎行·暮春吟

道是伤情，无端自虐，年年仍与春光约。临池怕见落花飞，飞花偏向人前落。

怅立轻寒，小园漠漠，心随红雨翻阡陌。散愁欲饮古亭西，晚来又遇山风掠。

蝶恋花·暮春吟

闲步无端人自恼。暮雨霏霏，偏向林间扰。点点飞红随缥缈，无情流水村前绕。

泪眼送春情未了。愁绪频添，花落知多少？古有《瘗花铭》已杳，花残还似当年扫。

周逢俊白岳紫藤图 2015 年 96cm × 178cm

水调歌头 · 登姥山

瞰岛一青点，波涌任长天。沧桑共与谁叹？孤兀感千年。汉雨秦风过处，依似渔樵帆影，对酒话先贤。潮起入烟暮，怅入一舟扁。

叠云巘，收城郭，夕阳残。南朝旧寺，三五鸦绕鼓声寒。寻向苍茫欲问，昔日英雄何往？剩迹不堪看。独立伤归客，今古几凭栏。

清平乐・秋水残荷

莲塘雨过，渐晚寒烟锁。落藻披漓撑旧朵，只剩三分婀娜。

霜风几度蹉跎，不堪萎地残波。昨夜悄然鹭去，空余几点渔蓑。

巫山一段云·题《游春图》

春嫩梨花白，阳开草自菲。清明欲雨万山豯，鸟啭带香飞。

万类蒸蒸日，光阴短若催。人生莫负好时期，心旷神怡。

满庭芳·燕京秋怀

极目香山，萧萧苍楚，暮云千里悲秋。燕京凉客，无意看琼楼。朝夕营营不遇，惘然累、辗转难留。谁知我？人生过半，一棹任浮游。

休休。须看破，皇城运蹇，命里难求。问天意何凭？因果缘由！昨夜贪杯自慰，虽酩酊、酒醒还愁。西风劲，寒流送旅，明日下河洲。

1995 年 9 月 于北京

祝英台近

草塘幽，篱外约，相伴倚斜柳。低首看花，欲语弄衣钮。羞容不似闲花，偷眸若酒，月光下，醉人西牖。

廿年久，年少光景匆匆，而今怕怀旧。往事尘封，那时不重有。依然伴月花前，凌波去处，纵有恨，休能开口。

1997年 于故乡庄房

江城子·立春寄怀

老身又度异乡年。立春前，望家园，燕京游子，遥祝泪声咽。

故旧频传勤问旅，闻俚语，绽苍颜。

柳梢青·游古莲花池

碧水华池，环幽砌玉，翠雾清弥。故苑游观，寻常百姓，韵合时宜。

闲情不胜幽思，暗伤处，为谁遣词。寂寞空楼，鸦鸣烟柳，春影迷离。

醉乡春·皖乡小记

嫩雨三分生懒，花气七分催倦。酒渐醒，记当年，晨夕几回离散。

檐下钓帘轻掩，难忘旧时相见。杏花白，蕊香浓，怅然不见伊人面。

—— 1998 年初春 于歙县 ——

意难忘·燕山亭归饮

把酒临溪，对落花点点，丝柳烟垂。怅春随水去，怜燕久低徊，堪世事，自如斯，转瞬夕阳西。举大白，频催醉眼，莫道情谁？

前蹊林暗凄迷，问津无相引，独自依依。感怀追旧忆，契阔杳成非。人淡寡，俗情违，老岁蹙愁眉。向山月，一弯似我，冷峻孤辉。

2003 年暮春 于北京

清门引·踏春随感

才住清明雨，便见落红无数。匆匆日转逝华年，人生无奈，却喜赏飞絮。

多情不忍山花路，尽是迷人处。溪桥九曲刚过，回头冷对斜阳暮。

2003年春 于北京

雪梅香·除夕吟

远山渐，斜阳入谷岁如销。竞寒城疏巷，烟花不济空寥。萧野哀鸣断云雁，汉波垂暗失星潮。甚难测，恣意尘霾，伺窥长宵。

无憀。任思绪，放旅天涯，岁月浮漂。报我平生，只叹白发颜凋。小性偏狂自由骨，慨慷孤寂诵歌谣。羞言是，酒醒偷潸，嘲作逍遥。

水调歌头·中秋感怀（兼缅怀父母）

纡郁系明月，负愧怅秋空。寄怀欲诉谁与？万里一岗松。旧恨新愁日共，结轸长宵难解，垂泪对归鸿。生死杳相隔，思念酒千盅。

恍如梦，志未举，忽成翁。天涯岁岁，惊叹枫叶又飞红。自古人生如是，复向陈桥旧渡，天际起悲风。老步丈程远，日脚太匆匆。

风入松·游兰亭有感

会稽山色气嶙峋，苍木杂青筠。河梁沙浅清波碧，凭观处，风淡氤氲。古道幽深闲步，楼台且赏书魂。

流觞九曲旧时津，往事化烟云。年年祭扫营新境，却都是，狂辈庸人。瞥向山前飞鹭，秋空闪忽无痕。

破阵子·游西夏王陵有感

影入斜阳孤兀，贺南山下平芜。

铁骑倏沉残卷里，大漠雄魂壮骨枯，几人识旧都。

剩有碑符不解，文明形势犹殊。

小国成因强是祸，幕府纷争各有图，盛衰嗟党徒。

水龙吟·中秋

万家同赏清辉，月华依旧添憔悴。天涯羁旅，登高咏叹，水山迢递。落木飘零，寒波远棹，雁横凄唳。问乡愁多少？嫦娥答曰：尽都是，离人泪。

此恨古来无计，有真情，既远还慰。伤心最怕，故人无讯，堂空难契。人事茫茫，韶颜渐老，始知情累。借今宵满月，向南示我，把冰心寄。

1997 年秋

行香子·香泉[1]行

环翠烟村，溪碧留云。两三渡，古韵盈津。平波曲进，气净无尘，有鹭清影，柳清俏，山清匀。

冈丘接远，楼阁横滨。隐幽处，水墨氤氲。香汤曾侍，太子[2]销魂。赏古池雅，满池乐，一池春。

1 香泉：位于巢湖市和县境内。水温恒常，为古今名泉。
2 太子：梁昭明太子萧统。

浣溪沙 · 渔梁坝垂钓

过坝登舟独钓幽，野波菡萏向风柔，醉听芦里戏鸣鸥。

四面山青千户白，三分水系一江流，草香犹带旧时忧。

2010 年初夏 于歙县

忆江南·题《新安人家》

迎旧客，山雨五更听。涧底冲波声先湿，氤氲生发草青青，花落绿新城。

朝雨歇，雾散现楼亭。小巷翠濛风染竹，一声欸乃散飞翎，家在梦中萦。

采桑子·咏梅

小山深处清清俏，竹也低垂，松也纷披，纵绽琼花亦自卑。

倔身自小由然是，冬济荒畦，春不争菲，独向黄昏诉与谁？

周逢俊 墨梅花 2011年 119cm×240cm

江城子·有感育梅

小枝曲缚任人裁，立黄埃、瘦如柴。所标风骨，只为育奇才。气立仪刚神峻拔，张有蕴，却和谐。

造梅自古出君怀，陋形骸，作人楷。残行练达，香自苦寒来。玉洁精神凭树立，冰雪处，独怜开。

满庭芳·春雨游西湖

晓雨疏生，翠烟层叠，近山遥水都轻。画船莲动，桨过一波横。幻里楼台接比，苏堤外，柳影浮甍。倏闻到，六朝艳骨，小小散幽馨。

环萦，愁觅那，沉香旧韵，嗟叹衰容。料花草年年，怎负闲情？故国风人往矣，还思向，仄径追听。伤心处，断桥依在，花落怅空亭。

沁园春·游瘦西湖怀古

入暮烟都，巷陌津迷，曲岸柳花。似千年重梦，恍乘旧渡，引兴亭阁，觅那豪奢。遥忆州中，歌楼昼永，多少清词听丽娃。人何去？应时光都付，流水沉沙。

人生几得闲暇？算逐尽功名赚此涯。惜风流过客，拥金握笏，香车御马，归向谁家？且搁尘冗，幽循诗话，醉弄长箫倚日斜。伤明月，照前生今世，一样浮华。

水龙咏 · 暮雨后偶作

满城风雨黄昏，阴云逼向愁人近。槐声滴碎，长街烟锁，垂帘心损。楚地空留，京郊寂守，倦慵还窘。问苍茫何处？小楼独我，对溟色，光阴瞬。

往事哪堪思忖？廿年来，寒窗孤奋。湘潭[1]簇拥，澳门夺冠，岁华初鬓。梦绕诗章，翰林竞艺，有名无分。仗才情在握，燕山雾散，贺明朝讯！

1“湘潭”句：纪念齐白石诞辰140周年全国美展在湘潭举行，作者获金奖。澳门回归全国画展，作者获银奖。

江城子·中秋吟（双调）

秋声低语对西风，向清空，月朦胧。茫茫天际，独立任鸣蛩。往日书成怀有寄，当此夜，梦相逢。

感时圆月旧时同，路还重，照漂蓬。河山万里，洒酒祭家翁。一棹寒江鸿唳远，愁未尽，意匆匆。

周逢俊花鸟 02 45cm × 33cm

江城子·吟“丝雨”(双调)

许和州画长安瓷枕猫，憨态中有几分愁怨，余甚爱之，遂“领养”，取名曰：“丝雨”。

曩者，余曾为C城女宠物猫起名“丝雨”，即“无边丝雨细如愁”之意(秦观)。一枕春梦，断在天涯。今观许氏猫，形神有似，令人不尽联想之……

几番幽韵小春回，雨霏霏，草萋萋。故城犹梦，缥缈意归谁？

多少旧怀辜负了，欢喜状，却空啼。

伤心往事伴孤栖，寂如累，忆还悲。清销香骨，愁与落花飞。

人世流年何处去？春又老，恨无期。

采桑子·咏春柳

青条尚嫩清犹泪，昨夜东风，骤雨还重，鬓乱低垂意态慵。

春寒惊散梢头梦，不胜凌空，偏向天绒，无限轻愁飘忽中。

江城子·马嵬坡感怀

梨花泪雨湿芳丘，草含愁，韵依留。无尽春光，寂寞绽坡头。不胜幽寒怜艳影，多少叹，怯回眸。

忍听新客哂无休，戏王侯，国难收。断骨陈荒，世转总还纠。古道山川天地小，堆不下，恨悠悠。

2017 年 4 月 13 日 于咸阳

泛兰舟·春

谁负前缘经岁，春暮愁情割。落红总向帘飞，教我凭谁说？魂赴何方？东君不语，羲和行舍，天地难寻芳辙。

算羁旅，经夏历秋，寒风吹过便回折。重识旧日娇容，眉眼抒新悦。携酒呼朋，再访古今，花深花浅，比量去年风月。

2002 年 作于北京

卜算子·夏午戏八哥偶遇

蝉烈燥秋阳，戏逗邻家鸟。巧舌回眸转谑言，窘蹙窗前姣。

嗔鸟是非多，偏诱佳人笑。窈窕羞时最俏时，吾被其烦恼。

—— 2003 年 作于北京 ——

一剪梅·秋思

鸿路高秋燕北凉，云接山涛，暮楚苍茫。归心不敢借愁眸，低首听风，风亦南翔。

夜读家书解旧囊，往事频幽，郁积千肠。泪和苦恨寄杯中，醉亦伤怀，醒亦思量。

蝶恋花·风雨

风雨绸缪萌百树。四月缠绵，惊醒荒寒路。纵有重篱关不住，缘君独赏藏春处。

伊比花妍君自慕。花月溶溶，贪把征期误。此向天涯谁与旅？朝朝暮暮愁无数。

阮郎归 · 云岩湖荡舟

齐云山后翠云深，清波绕茂林。小舟轻楫梦中吟，动人是翠禽。

循筱径，醉松音。丹崖识旧箴。六朝古寺老荆侵，烟墟遗韵寻。

水龙吟·中秋燕山寄怀

感时最易伤怀，中秋欲近添愁绪。燕山有约，登临寄远，倾心尽吐。

倭岛如狼，南沙盗起，贪官如虎。纵钢牙咬碎，激言还止，凭栏事，谁人诉？

岁月蹉跎苦旅。性乖张，功名如缕。隐身笃志，清狂还狷。俗庸难伍。

冷对时风，步唯正道，守孤无侣。向松峰朗月，年年照我，望归鸿路！

满庭芳·伤春

阡陌寒收，红匀青满，万物春又轮回。去年今似，愁煞暗重期。

昨夜三更梦醒，听窗外，喧闹山溪。

无端的，柳烟烦晓，乱绪对霏霏。

咨谁？依旧那，青山绿水，千古神怡。怎消这般缘，相见匆离。

无奈缠绵甚苦，都怨道，情字难移。

伤心处，花垂不语，和泪雨风摧。

——2008 年 3 月 作于松韵堂——

雪梅香·除夕夜述怀

又除夕，京郊一片爆花声。

怕听来悲绪，垂帘更乱心情。万里家园伫残壁，旧时小院野丛横。

纵回首，不见高堂，情却难凭。

营营，半生事，羁旅天涯，岁月峥嵘。

白发频添，累容未展还生。多少辛酸对谁说？抱憾无力负亲朋。

何如向，酒里分愁，引醉无醒。

2010 年除夕 作于松韵堂

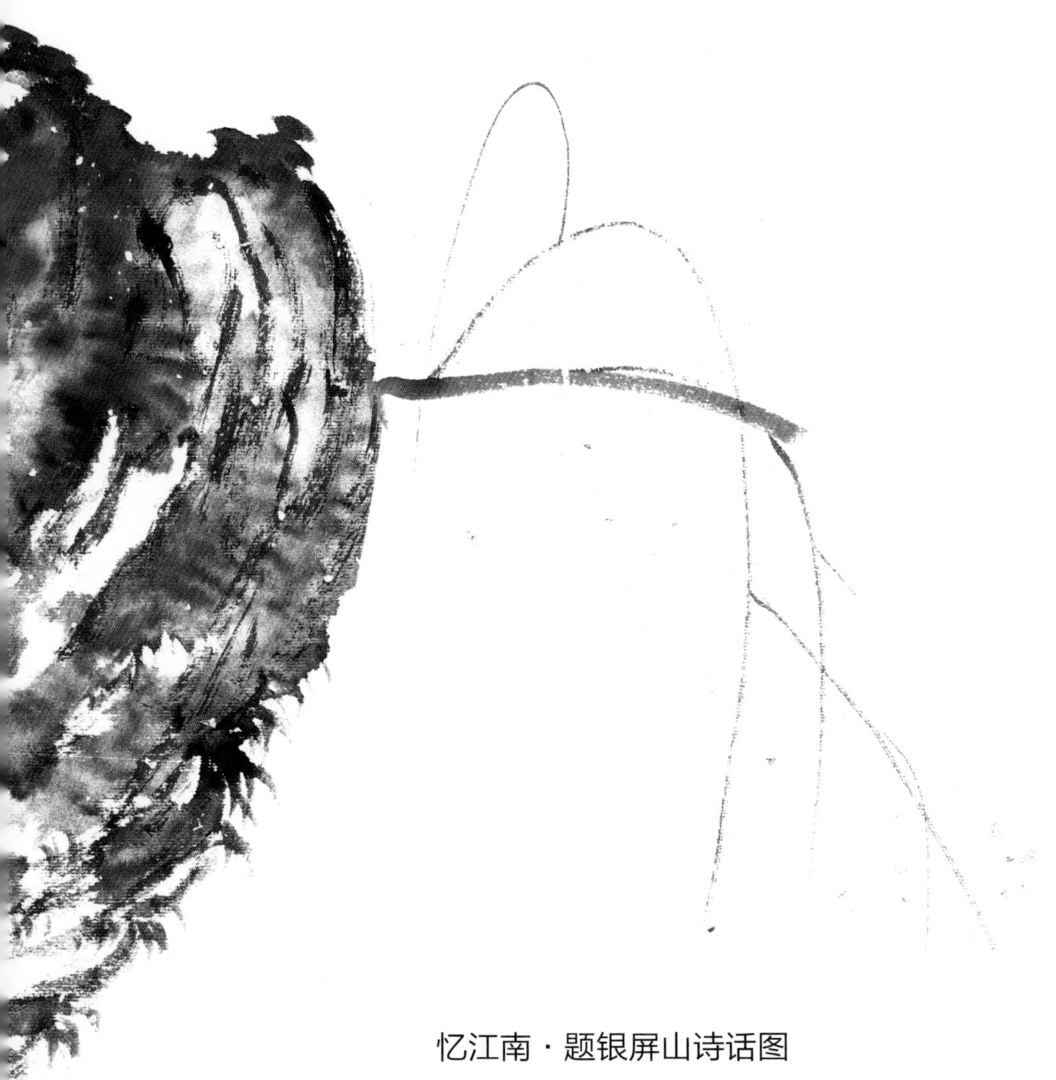

忆江南·题银屏山诗话图

邀故友，把酒话家山。

忆到村前峰林下，半间草屋枕清澜，窗外过云烟。

人渐老，梦又牧田园。

朝夕耕闲勤砚事，岁寒入夜读高贤，斜枕带书眠。

踏莎行·暮春雨中作

山色湖光，风流成昨，乱花一夜凋尘浊。

香蹊过处不凭栏，去年泪与霏霏落。

旧地徘徊，人孤鸟各，水流依旧情多薄。

黄昏又送雨纷纷，青山欲暗横残郭。

—— 2004 年暮春 作于怀柔 ——

捣练子·凭窗吟

风渐幕，掩帘初，几许轻寒意觉疏。
慵把案头寻旧句，又添愁绪问何如？

江城子·普救寺访西厢

梨花深院转回廊。满亭香，觅红娘。风摇竹影，依旧过西厢。山寺月光听夜鼓，空寂寂，古苍苍。

多情无奈为情伤。也曾狂，爱难张。莫如一跳，千载越高墙。憾把平生留一叹，人已老，羡张郎。

2016 年 10 月 于永济

念奴娇·中秋

凭高天阔，对风澄物朗，孤亭遥祝。自古天涯今夜月，不忍迟迟光速。江海苍横，山川奔莽，往转征人瞩。匆匆雁唳，万般愁绪如促。

无奈情寄空明，这头抚旅，那头怜松竹。烟谷秋光犹有系，念我清霜黄菊。揆把流年，飘蓬云杳，只剩堂前嘱。分辉千里，故园空照残屋。

阮郎归·雾雨山中

——张家界感怀

孤窗听雨梦涵秋，深宵困小楼。鸟儿争晓湿啾啾，风沉落叶稠。

穿雾径，伞花流，朦胧障远眸。奇峰偶露境倏收，阶前一任愁。

——2016 年 10 月 20 日晨 于后花园客栈——

卜算子·雁栖湖寻踪不遇随记

行暮小亭秋，听坠蛩声冷。片片残红点点愁，寂寞萦孤影。

离别那春时，相拥藏花径。春去秋来不见伊，人怅还空凭。

浣溪沙 · 思春

——题素冠墨牡丹图

失却春前几缕魂，愁颦初见累难分，朱唇一印痛心人。

梦若通真情有轨，痴能达意恨无门，可怜枕上泪留痕。

松韵堂诗词赋自选集

巢湖春赋并序（以游归故里春为韵）

吴楚形胜，妙在南巢之泽；城郭挽波，境与江淮一韵。夫八百里湖山，苍崖叠嶂，罗列其间；冈丘田畴，纵横星野。平湖潮阔，烟波浩渺。时归故里，恰颐四月，乃可大观也。

杏花春雨，翠雾迷离。村邑旧埠，朦胧辨析。凭望处，俄而悲生，人事今非；俄而惬意，历色依依。呜呼！清明松冈，仙踪杳渺，遥山近岭，祭俎蝶飞，又不胜凄然也。放一叶扁舟，游弋于湖山之间，怡风习习，击楫声声，优哉放怀！遂于舟中览记于思，还京制《巢湖胜景图》并赋，辞曰：

夫江曲楚镇，山横故里。泽国春至，倦客归舟。云乡林海，翠烟横流。迤逦长堤，啼莺红紫；旖旎姥山，世外瀛洲。遥岑列礼，迎赤子，俚俗如旧；大岫含情，料亲朋，茶酒以酬。清是云，淡是雾，家环云雾丝丝愁；山如锦，水如绸，心绕锦绸处处讴。循秀林之荟蔚；入古栈之抱幽。耀城郭兮，余霞散绮；攀村户兮，烟雨初收。叆叇洽洞府，氤氲裹山楼。环旧渡，垂柳依然送远棹；过新陌，绯桃还似那年稠。帆悬鸥绕，从来异地梦中见；云低鹭鸣，不是他乡夜雨啁。悲欣演替兮，涕淋襟衫。掬土勿放兮，故音喋喋。

去去烟波逆旅，归来白首相眸。山阜入翠，群鸟谐农家共享嘉木；水域满盈，牧童伴渔父传歌丛苇。上说巢由登隐，云松扶栈；目闻醉翁浮舟，沧浪含晖。峰环川复兮，草丰鱼肥。引无数之骚客兮，羡古今之雅栖。登临则有：三峰筑老寺，俯江湖而祐四围；涉水则有：一岛兀古塔，临阡陌而壮九矶。山随水势，水去山依。故来大涤子之制巨，姜白石之吟微，亚父之归隐，魏武之怀机，公瑾之筹谋，包拯之正罡，“陋室”之清风，“双瞳”之余威。杨振宁临湖治学，林散之听涛籀儿……前贤尽得见性，地灵亘古神奇。

吾居南泽之山阿，襟带八方之岖迂。故丁汝昌比村而邻，冯玉祥隔水而扉，张治中赤岛相望，李克农踱步长堤。斯一方水土，育千秋豪杰。赏焦湖一派大泽气象；承屏峰千丈雄浑嵬巍。

目历河山，壮吾心志。时风日下，鬼魅嚣尘。朱门宝马，夜串官商走黑道；粉香笑颦，醉与美人度良辰。贪盗不分贵贱，纷尘乱序唯争银；

公私管它法度，窃取有道可通神。营私江山，各秉鸿钧。呜呼叹哉！正邪节分，浩然少闻。问苍茫故国，千载史册，民族大义，到底烟消何处？寻旷世峻骨，百丈砥柱，仁人志士，何曾崩颓沉沦？似觉星外，乘槎难解因；风逆千里，试问谁者君？孤子心迷，贞良草芥。鲲鹏不展，嘶喑辔羁，麒凤盼啟，藏谷书愤。

呜呼！殷殷泪浸兮，慷微言而悲陈！

曾登姥山，作《水调歌头》词曰：

“瞰岛一青点，波涌任长天。沧桑共与谁叹？孤兀感千年。汉雨秦风过处，依似渔樵帆影，对酒话先贤。潮起锁烟幕，帐入一舟扁。

“叠云巘，收城郭，夕阳残。南朝旧寺，三五鸦绕鼓声寒。寻向苍茫欲问，昔日英雄何往？剩迹不堪看。独立伤归客，今古几凭栏。”

2015 年 4 月 于巢湖
2015 年 12 月 改于北京

黄山西海赋并序（以题为韵）

乙未春，引弟子三十有余，赴皖南采风，沿路诗画兼程。

白岳[1]有得，佛都[2]在望，兴之所至，又欣往西海一游，时尚有众故侍侧追随，心甚悦也！遂往。

“夜雨朝晴，百中鲜有一二，非性孤者而不遇。”友人曰。余甚喜！

登高纵目，睇谷渊谜。斯见：万象勃郁，弥障烟横；松石布列，流晴眪闪；榛莽披迷，禽展兽奔，草木风啸；大块凌空，势随云隐；万仞须臾，峻拔不待。恰一似：动魄惊魂之鬼域，惑难辨，地狱天堂有无中。嗟乎！多情以顾，心至悉生顿悟，且思度：故吾而俄生，化形色而神收；

故吾而俄启，非虚景而诗充；故吾而俄无，杳不尽以臆伸；故吾而俄断，则心系以道通；故吾而意表，虽丹青而勿似也。沧桑之变，尘世缩影，吾以诚明之予，济人性之光，虽堂奥莫测，天意岂能违也，故信其妙而能自善也。归来作赋至三更，和晓窗而击节！诵曰：

人世风尘乱序，江山别有仙乡。五百里黟山碧水；七二峰帝炉[3]烟扬。云涛曾度霞客[4]步，万象披辉久低昂。斯势奇崛争五岳，“天下无山”逊诗章。芙蓉[5]飘忽天都醉，太白对饮举千觞。丹唇一启苍茫句，千载骚人九曲肠。循前贤之仰思，步伟迹而搜囊。攀巉岩之迥眺，窃天机之敛藏。凌苍冥[6]而欲化，启鳍翼于琼浆。慕崇山以怀杰，转妙幻而无常。测其蕴之弥深，往茕茕而神张。嗟乎！思踱百年人生事，尘世沧桑百事忙。转瞬匆匆复轮回，百代几人炳灵芒？问卜黄神吟啸曲？邈邈凄幽意未央。倏天开之朗朗，绝烟俗而高翔。避尘纷乎以遐，远名利而两忘。听长松之号诉，寄嵯峨而奔闾。

越嶙峋盘纡世外，寓诗怀而兴其间。分乾坤岂与神合，驭阴阳方可交颜。抚草木以和百鸟，感青阳予吾斑斓。忆年少，运途乖舛；怀忧伤，存世维艰；忍欺凌，勤励勉进；挺薄命，北搏尤蛮。集旧绪以形归一，求大德以补苍颜。云舒云卷，水湧湲潺。仁山智水，意朗情闲，“吾恃而往”[7]，性好名山。奇石戏吾不老，松泉笑吾愚顽。

岩阴曲如绉，瀑白直若撕。顾分迷离处，形淹浑萋萋，独影天际立，万仞竟斯依。看层峦之拥簇，叹危峰而无梯。临下睇而惴惴，弥晦暗而穷蹊。慎虚徐而前导，感“蜀道”[8]而难矣！凌广宇之送目兮，怜庸怀而择迷。何故之入歧兮？羁踌躇而停蹄。胆无识而妄举，行不端则格低。

俟险途之谁与兮？踡云根而喑嘶。呜呼！气衰者骨萎，倦慵者归栖，去者尔然也。

游乎乐哉。品奇葩之生丽，发清香而丰采。噫！呼幽人其不见，寻诗踪兮安在？羽化皆入境，灵性播四海。情融境具生，渐意壮崔嵬。缘妙得，天功鬼斧渺蕴像。富腹笥，万物萃华神可采。图岁象以标程，立一瞬于无极。移兴不禁，足无懈怠。驰骋既往，逸心未改。

践瑶台之心约，饮流霞而前赴。惊鸿之北望，密重而霾布。再临顶绝，

1 白岳：齐云山别称。

2 佛都：即九华山。

3 帝炉：黄帝炼丹炉。

4 霞客：徐霞客游黄山叹曰："五岳归来不看山，黄山归来不看岳。""看黄山天下无山。"

5 芙蓉：黄山莲花峰，李白曾登临即句。

6 苍溟：即南冥，天池也。出自《庄子·逍遥游》。

7 吾恃而往：出自清代彭端淑《为学》。

8 蜀道：出自李白"蜀道难，难于上青天"。

安可固步？常客匆匆，几人领悟？遥岑在目，默思计数：弘仁[9]兼得清峻；梅清[10]略取禅趣。石涛[11]思胜技杂；海阳[12]剩迹有勘。代有骚旅杂优比，几见新妆破云雾？海翁[13]十做西海客，难越前贤屐踏路。悲乎！一壑渊潜谁与诉？壮哉！不信今朝无人渡！独正阳以睽远兮，惜光明而奋索。送六龙[14]之回驭兮，登峻极而高赋。诗云：

黟山秀接万峰青，
帝子炉烟绕锦屏。
岁像峥嵘横鸟道，
时光冷立挂狼星。
登心不估天酬价，
入梦无量胆作翎。
敢有南巢西海客，
一怀真意蹈苍溟。

2015 年 5 月 于黄山西海宾馆

---

9 弘仁：浙江和尚，新安画派代表人物。
10 梅清：明末清初画家。
11 石涛：本姓朱，名若极。字石涛，又号苦瓜和尚，大涤子等。明末清初著名画家，理论家。
12 海阳：海阳四家指明末清初弘仁、查士标、孙逸、汪之瑞四画家。也称“新安四家”。
13 海翁：即刘海粟，近代著名画家，他曾十上黄山。
14 六龙：出自李白《蜀道难》：“上有六龙回日之高标，下有冲波逆折之回川。”

周逢俊黄山西海大峡谷 2015 年 200cm × 220cm

跋

松韵堂诗词集

周先生逢俊，皖人也，以丹青水墨名海内者二十年矣，余浪游江湖，偶遇先生于都门，先生不以余蹇困鄙陋，出其诗文以示，并嘱为之序，此固先生奖掖后学之举者，其通怀好善，诚不可及，余则逡巡未敢也。

先生少事丹青，与烟霞为友，峰峦涧壑，枫楠松柏，俱收之于胸，载以笔墨，清冷幽寂，甚得宋人笔意。先生虽以绘事为名，然亦不废诗词，究律寻声，吟咏不已，高世逸群，固不与时俗之匠人为伍也。其为诗清丽奇峭，温厚雅正，山川游历，岁时感遇，纪行有其作，述志有其感，浅深正变，各得主旨。余亦溺于诗，尝以为诗人之为道，不徒以其才也，在博约，在性情，在为学，非此则不足以言诗矣。先生性情清越，不假言饰，早岁尝潦落于京师，其有高世之才，负俗之累，不容于时者，翰墨暇隙，辄歌诗寄咏，矻矻不倦，以发其忧愁愤世之思。及至耳顺之年，诗风平和，或有教化世俗之语，非仅以言辞为工者所比，盖因事立言，浮词浪语不得相类，此亦夫子裁诗之本意也。语曰：“夫唯大雅，卓然不群。”噫嘻，若先生之贤者，斯近之矣。

余谫劣小子，才疏学浅，愧于先生无能为役，今奉读全集，难述其境，草成一篇，亦不足发其奥区，蒙先生不弃，聊附骥尾，是为跋。

高凉（剧作家、诗人）
乙未仲夏采芦道人跋于岭南